SHODENSHA
SHINSHO

蕎麦《そば》屋になりたい

――実践！ 手打ち修業の一週間

金久保茂樹

祥伝

JN263221

はじめに

そば屋に対する憧れが、「そば屋になりたい」という現実的な情熱に変わってから、ほぼ一〇年の歳月が流れた。

理由は二つある。

第一の理由は、きちんとした心構えを持ち、修練を重ねれば、特別な才能がなくても、そば打ちになれるという事実だ。

これまで、ミステリー小説『みちのく蕎麦《そば》街道殺人事件』(祥伝社ノンノベル)、ガイドブック『蕎麦　ぐるり日本、地粉にこだわるそばの店』(ネコ・パブリッシング)などを上梓するために、全国のそば店を取材して回ったが、ほとんどの店主がぼくと同感で、いつでも、どんな年齢からでも再出発することのできる職業と思えたのだ。

もう一つは、二三歳から始めた三五年間の文筆生活に、そろそろ潮時が来たのではないかという漠然とした思い。

毎日、机の前に座り、最低でも三時間、最大では一二時間以上も、うんうんと唸りながらキーボードを叩き続ける不健康な仕事。一日の歩行時間は、約三〇分の散策で、それ以外は座ったままという生活を、一〇年以上も続けてきて、気がつくと、一〇キロ入りの米袋を両手で抱えて運ぶのが精一杯、体重五〇キロ足らずの母親が足を怪我《けが》したとき、背中に背負って歩き、危うく腰砕《くだ》けになりそうになったほどの虚弱体質になってしまったのだ。

肉体年齢を測ったとすると、おそらく七〇代を越えていて、このままの生活を続けていると、家族にも、社会にも迷惑をかけてしまうという不安が頭をよぎり始めた。

その他、高齢からの人生の再出発として、そば屋が適切である理由について、詳しくは本文で後述するが、今回は、これまでのような〝取材〟形式ではなく、完全な〝修業〟の立場で、一週間そば店に入門させていただいた。

譬《たと》えてみれば、これまでジャズのセッションを観客席から聴いていたのだが、今回は演奏家と楽屋でジャズ談義に花を咲かせ、本番を舞台の袖《そで》で堪能させてもらった、そんな感慨にふけることができた。

この本の中心になる第三章では、名店の厨房に入り、一週間プロの仕事振りを観察させてもらった。これまでもさまざまな店で、数時間程度、厨房の仕事を見せてもらったことがあるが、今回のように七日間となると、視点も観察眼もまったく異なってくる。

目を凝《こ》らし、耳を澄ませ、五感を集中させて仕事振りを窺《うかが》い、現実にそばを打ち、茹《ゆ》で、せいろに上げ、そしてまた皿洗いをさせてもらった。

すると、さすがと思われるプロとしての基本姿勢、最善の仕事のために作られた秀逸なプロの道具、それを完璧に使いこなす計算しつくされた技術など、思わず目を大きく見開かされる光景ばかりだった。

それとは別に、プロだからこその、長年の勘に依《よ》る仕事、表には出したくない裏技なども目《ま》の当たりにすることができた。これを隠すことなく公開してくれたことは、ひとえにわが山田啓偉《けいいち》師匠の、懐《ふところ》の深さ、そして人格に依るものだ。

もちろん、この本を読破したからといって、すぐにそば屋になれるわけではない。

しかし、熱意があれば、人はそば打ちになれるという勇気を、五八歳の虚弱体質のぼくの挑戦から読み取っていただければ幸いだ。

少しだけ気取った言葉を赦《ゆる》していただければ、ぼくがこの本で伝えたかった言葉をまず贈りたい。

そば打ちは、簡単にできるものではないが、さして難しいものでもない。そば屋には、簡単になれるが、繁盛するそば屋になるのは簡単な道ではない。

成功するための方策は、熱意、感性、感謝の気持ちだと思うのだが、いかがだろうか。

平成十七年初秋　著者

目次

はじめに 3

第一章 なぜいま、「手打ちそば」か 9
極上のそばとの出会い／そば行脚／心に残る全国の名店／手打ちは、まちがいなく美味いか／水回し加水量と、のしで差が生まれる／自家製粉にこだわる理由は？／上級店を待望する

第二章 期待される「そば屋」像 31
健康志向さらに強まる／おしゃれ感覚の社交場／居酒屋と、食事どころの共存／中年からの技術習得／メニューの構成／立地に左右されない顧客誘導／店主の魅力が、店を決定する／大資本、外国人に介入できない世界

第三章 実践！ そば打ち修業一週間 53
修業の心構え／師匠は神様である／ぼくが選んだ師匠／**《初日》**発泡スチロールの簡易冷蔵庫／小皿は重ねて整理する／最初の客は……／そば湯の秘密／**《二日

目》そばの量は、店によってまちまち／水の重要性／一石二鳥の工夫／無駄のない動き／年に一度のコンサート／《三日目》考えるよりまず動く／腰が悲鳴を上げた／作業の理論をイメージする／初めてにしては上出来／太いのもまた愛嬌？／片付けの段取りも必修／《四日目》二度目も、まだまだの出来だ／団体客が続けてやってきた／ミステリアスなオーダー／天ぷら、もう一つの新事実／《五日目》返しとだしを習う／そばの生命線は、空気と水／二倍働けば一人前／最高級のカツオに出会った／《六日目》プロとアマとの壁／最後まで、感心しきりです／料理長の腕の冴え／《最終日》どうにか太さは揃った／最後の審判？

第四章　転職成功者、かく語りき 185

《気概を持って、五五歳からの心機一転》 186
鈴木壮夫《そうふ》『手打そば　百丈《ひゃくじょう》』（埼玉県川越市）
高僧の名に由来／卒サラして修業／従業員がそっぽを向いた／友人の励まし／一生懸命な店

《売れっ子デザイナーからの転身》 197
上野久雄『遊山《ゆさん》』（東京・学芸大学）
コンピューター嫌い／石橋を叩いて渡る／二足の草鞋《わらじ》／魚に聞くことが基本

《開店五年目の憂鬱》 206
篠原正宏『手打蕎麦　しのはら』（東京・大森）
三五歳で見習いに／再修業／客の喜ぶ声が聞きたい

第五章　「そば屋」の歩き方 215
訪ねる価値のある店／いい店を選ぶ七カ条／粋《いき》に酒を飲む／肴にも美学が／何を、どう食うか／料理の味は三〇パーセント／高級外車の店／禁煙、相席はいかがなものか……？

第六章　「いざ出店」の準備と勘所 237
トータル・コーディネート／店舗作り10の秘訣／開店までのスケジュール／店舗デザインの基本理念

おわりに 251
〈リスト〉お薦めの名店 256　そば打ち修業処 258　出店アドバイザー 258
そば関係書籍 258

本文写真／近藤陽介・金久保茂樹

第一章　なぜいま、「手打ちそば」か

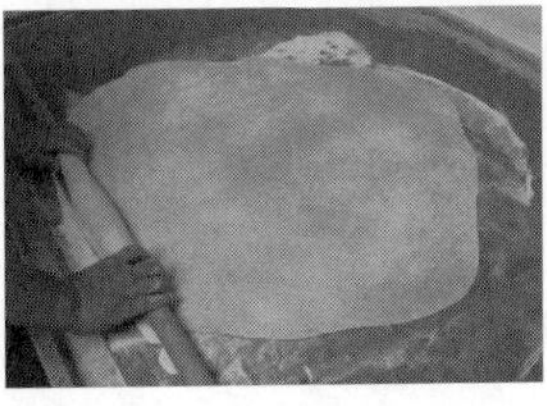

極上のそばとの出会い

衝撃の瞬間は、突然に訪れた。

昭和五十年代の前半、ぼくが三〇代に差し掛かった頃だった。

中央線の飯田橋《いいだばし》駅から、目白《めじろ》通りを九段下《くだんした》方面に六〇〇メートルほど進み、飯田橋一丁目の交差点を左に曲がって、神田《かんだ》川に架かる堀留《ほりどめ》橋を渡ってすぐの左側に、旧弊な三階建てのビルが建っていた。

当時のぼくは、取材記者が足で集めてきた情報を、記事にまとめる週刊誌のアンカーや、日本全国を歩いて記事を書く、旅行誌の紀行作家、難しい理論を振りかざす専門家の先生方の思想を、分かりやすく書き直すゴーストライターなどの、物書き稼業で糊口《ここう》をしのいでいた。

そんなある日、神田近辺にある出版社での打ち合わせを終え、さて昼飯を……と散策しているときにひょっこり目にしたのが、その店だった。

昭和初期ぐらいに建てられたような洋館は、灰色の壁に緑の蔦《つた》が絡まり、当時まだ新宿に現存していたジャズ喫茶の『ミラノ座』か、はたまた上野辺《あた》りの洋食のレストラン、あるいは小ぢんまりとした映画館の飯田橋『佳作座』かと思えるような、およそそば屋らしからぬ建物だった。

店内に入り、椅子に腰を下ろし、メニューを手にして驚いた。とてもではないが、そば屋のメニューではない、そば屋の値段ではないのだ。

詳しい値段は忘れたが、せいろが一枚六〇〇円、天ぷらそばが一八〇〇円、鴨南蛮《かもなんばん》そばが一二〇〇円くらいだったろう。

そこでぼくは、業界の先輩の助言を思い出す。フリーの物書きは、とにかく自分に投資しろ。稼いだ金を貯金しようなどとは、間違っても考えず、その金で、いい酒を飲み、美味《うま》い料理を食べ、上等な服を着て、男が振り向くような女と付き合え、それが将来の自分の蓄積になるのだと。

季節は晩秋、そろそろ寒さを感じていたので、着物姿の仲居にこう注文した。

「せいろと鴨南蛮そばで、せいろからお願いします」

やがて運ばれてきたせいろを前にして、思わず息を呑《の》む。

朱色の漆《うるし》塗りの箱に、瑞々《みずみず》しいそばが爽やかな表情で並び、竹を真二つに割り、箱と同じように朱色の漆塗りにした薬味入れには、おろしたてのわさび、大根、そしてネギ。

当時、三〇歳を回ったばかりのぼくにも、これはそば屋の仕事ではなく、割烹《かっぽう》料理店の仕事だと思わせる完成された逸品だった。

そして、そば猪口《ちょこ》にわずかにわさびとネギを加え、そばを半分ほど沈ませてから、一気に喉に啜《すす》り込む。

次の瞬間、何が起こったのか分からないように、ポカーンとして思考を忘れ、しばらくしてから我に返って、思わず唸り声をあげ、目から鱗《うろこ》を落とし、しばらく金縛りにあったように全身を硬直させていた。

感動に打ち震えるようにしてせいろを空《から》にすると、またもや驚くべき事件が起こった。まるで、ぼくがせいろを食べ終わるのを、ストップウォッチで計っていたかのように、最後の数本を喉に収めたその数秒後に、鴨南蛮そばがテーブルの上に置かれたのだ。志野《しの》焼を思わせる、やや厚手の乳白色をした陶器の器に、黄金《こがね》色をした汁が張られ、煉瓦《れんが》色をした鴨肉が数片、それに焼き色をつけたネギが色合いを添えていた。

「よろしければどうぞ」

付け加えられた仲居の言葉、添えられた粉山椒《こなざんしょう》の器を前にして、あらためて唸り声。

そうか、鴨にネギ、しかも鴨肉の匂いを緩和させるために、粉山椒を添えるとは、心憎いまでの気配りと演出ではないか。

食べ進むうちに、そば粉《こ》が汁を吸い、はかなそうな風情《ふぜい》に変わっていくその感覚は、これまでの汁そばには、まったくなかった感動だった。

食べ終わると、今度は「そば湯でございます」と、朱色の漆塗りの湯桶を差し出した。

ぼくが、ちょっとばかり戸惑っていると、仲居がまったく素晴らしい呼吸で、言葉を贈ってくれる。

「かけ汁は、おそばに絡むように少し辛《から》めに調整しております。ころあいに薄めてお召し上がりください」

これまで、せいろ用のもり汁をそば湯で薄めて飲んではいたが、かけ汁でも同じことができるのを知ったのは、このときだった。

それ以来、汁そばを注文したときは必ず、どんな店でもそば湯を貰い、薄めて味わうようにしているのだ。

そばにうるさい読者なら、すでにお分かりのように、ぼくが初めて深い感銘を受けたこの店こそは、いまもなお語り続けられる伝説の名店『一茶庵《いっさあん》』西神田店なのであった。

そば行脚

『一茶庵』の店名と、その創設者であり、自他共に認める名人の片倉康雄《かたくらやすお》の名前が知られるようになったのは、昭和五十年代に入った頃だった。

片倉は、大正十五年に東京の新宿で『一茶庵』を開店し、昭和八年の大森への移転で躍進し、戦争のために埼玉県浦和（現さいたま市）に疎開、やがて戦後に、縁があり栃木県足利《あしかが》市に『一茶庵』本店を開いていた。

片倉の描いていたそば店の理想形は、それまでの機械打ちのそばのほか、うどんや、丼《どんぶり》物も献立に揃え、出前もやるといった、旧態依然としたそば店ではなく、割烹や料亭のように、きちんとした食事のできる高級店であった。

その片倉が、長男の敏雄、次男の英晴を伴い、そばの味はもとより、原材料、食材、外装、内装、食器類、仲居の着物まで徹底的に吟味して、晴れて東京凱旋《がいせん》を果たしたのが西神田店だった。

「食はすべてそのもとをあきらかにし、調理をあやまたずそこのうことなければ、味はいすぐれからだを養い病をもいやしよく人をつくる」

片倉は、人から書を頼まれると、好んでこの一文をしたためたが、まさにこの文章にこそ、片倉の求めた飲食業の理想形が凝縮されていると言える。

『一茶庵』西神田店は、昭和三十六年に開店し、その後、次男の英晴が腕を振るい、片倉は長男の敏雄とともに、足利の本店に戻ることになる。

やがて昭和六十年、都市開発などのさまざまな理由で、ほぼ四半世紀、日本の手打ちそばの世界をリードしてきたこの店も、惜しまれながら暖簾《のれん》を降ろすことになるが、閉店する前に訪れ、数年の間、週に二度くらいのペースで名店の味わいを愉しむことができたのは、ぼくにとっての僥倖と言えるだろう。

そしてまた、本物の手打ちそばの魅力に目を見開かされたぼくは、その頃からそば行脚を始めることになる。

自宅から比較的近かった『目黒《めぐろ》一茶庵』、先祖の墓参りのついでに立ち寄る『鎌倉一茶庵』、調べ物のために月に一度は通っていた、大宅《おおや》文庫への往復の途中に寄る『喬《きょう》亭　仙味洞《せんみどう》』などの一茶庵系。港区にある『永坂更科《ながさかさらしな》』『更科堀井《ほりい》』、品川の『布恒更科《ぬのつね》』の更科系。自家製粉を標榜して、世間の注目を集め始めていた荻窪の『本《ほん》むら庵』にも、足繁く通った。

ただし、下町に点在する藪《やぶ》系や、都心に多い砂場《すなば》系は、大田区の自宅からは遠く感じられるため、仕事の途中に立ち寄る程度だった。

また、旅行記を書くといった仕事のため、月に一度は旅をするぼくは、旅先の昼食は必ず麵類と決めていた。もちろん最優先で情報を調べるのはそばで、次がうどん類、そしてラーメンと順位を決めていた。

心に残る全国の名店

日本全国の有名店は、たいていは巡った。

北海道は東端の街、釧路市にあるかきそばの『玉川庵』、帯広市にある新進気鋭の『小川』、札幌市の『志の家』……。

北海道内でとくに印象に強く残ったのは、かつて音威子府《おといねっぷ》駅のホームで営業していた、店名もない手打ちそばの店。

かつて何度か、旭川から宗谷本線の鈍行列車に乗り、最北端の稚内《わっかない》駅を目指したことがある。昼頃に発車した列車は、士別《しべつ》、名寄《なよろ》、美深《びふか》などの途中駅に停車しながら北を目指し、ほぼ半分の道程を経た、午後三時過ぎに音威子府駅のホームに滑り込む。そこで二〇分ほどの停車時間になるのだが、いつも〝いの一番〟にホームに飛び出し、そば屋の前に立つのは、機関車の運転士だ。

メニューは忘れたが、おそらくかけそばと、月見そばくらいだったと思う。最高の季節は秋で、冷たい風に吹かれながら、ずるずると熱いそばを啜り、やや辛めの汁を飲み込むときの幸せな気分といったらない。おばあちゃんが、裏の山で育てたそばを刈り入れ、自分で脱穀して製粉して打ったそばという感慨、山また山の周囲の景色、小腹の減る午後三時過ぎという時間帯と、あらゆる環境が付加価値となって感激の美味を盛り上げているのだ。

北海道から南下すると、東北になる。青森、秋田、岩手は、かつてはそばと無縁だったが、最近は、青森市内の『しもばしら』、岩手県平泉《ひらいずみ》町の『二足の草鞋《わらじ》・地水庵《ちすい》』など、注目店が増えてきた。

山形県は、知る人ぞ知るそば王国で、県内のいたるところで、山形県ならではの、箱に入った極太の田舎そばが食べられるが、名店といえば、村山市にあるそば街道の一軒『あらきそば』、天童市《てんどう》の『水車生《すいしゃき》そば』、また山形市内では、江戸前の細打ちのそばを『庄司屋《しょうじや》』『萬盛庵《まんせいあん》』などが出している。

宮城県は、仙台市内の『八重車《やえぐるま》』『たまき庵』、福島県は磐越西線の山都《やまと》駅周辺と、山奥に車で二〇分ほど入った山都町宮古《みやこ》にある二〇軒ほどが、色が白くて細い、上品なそばを打っている。

このまま、全国のそば行脚を書き綴《つづ》っていくと、それだけで数十ページになるため、ここからは、ぼくの印象に残ったいくつかの店を、断片的に紹介していこう。そば屋になるためには、最低限、一度は訪ねておきたい店だ。

まずは茨城県鉾田《ほこた》町、そば業界の修行僧とも言える、渡辺維新《いしん》の『村屋東亭《むらやひがし》』、栃木は言わずと知れた、そば打ちの聖地と言われる『一茶庵』足利本店だ。

埼玉、東京、千葉、神奈川は、綺羅《きら》星のごとく輝いている店があまりにも多く、ここでは触れない。

日本海側に回り、新潟、富山、石川は米どころのため、特筆すべき店は見当たらない。ただし福井には、おろしそばという郷土そばがあり、発祥の地の武生《たけふ》市には五〇軒くらいの店があるが、自家製粉をして気を吐いているのは『そば蔵《くら》　谷川』。長野県は、米の代わりの代用食だっただけに、上等なそばはほとんど食べられないが、そばに心血を注いでいる宮島秀幸の、駒ヶ根市『丸富《まるとみ》』、山形村の『水舎《すいしゃ》』だけは別格だ。

太平洋側に戻り、静岡県では、熱海市の『多賀《たが》』、裾野市の『蕎仙坊《きょうせんぼう》』、山梨県では忍野《おしの》村にある『天祥庵《てんしょう》』が光っている。

さて静岡県静岡市以西の、東海から近畿地方となると、気候が温暖なためそばが育たないことと、きしめん、うどん、そうめん、お好み焼きと、小麦粉文化圏に入り、そば文化は花開いていない。

ようやくここ一〇年ほど、食文化の発達している京都で、これまでのものと異なる、本物のそばが見直されて、新進気鋭の店が出店し始めた。市内にある『じん六』『かね井』『塩釜』、亀岡市内の『拓朗亭《たろう》』などだ。

それと、忘れてならないのは、手挽《ひ》きの石臼《いしうす》にこだわる、岐阜県下呂《げろ》市の『仲佐《なかさ》』、秀逸なそば懐石で定評の、奈良県奈良市の『玄《げん》』である。

近畿以西の西日本では、ほとんどそば文化は見られなくなるが、その中でも孤軍奮闘している何軒かを紹介しよう。

出雲《いずも》そばで知られる、島根県松江市にある『ふなつ』は、農家と協力して優《すぐ》れたそばを収穫し、色白のそばを打つ。山口市の『東京庵』は、東京で修業した山口県出身のそば職人を使って始めたのが起源で、ちょっと野暮を覚悟で絶品のそば寿司を味わってみたい。

四国は、徳島県東祖谷山村《ひがしいややまそん》が産地として知られるが、これといった店はない。北九州も見るべきそば店はほとんどない。

しかし、日本で有数の産地である宮崎と鹿児島には、名店が多い。宮崎県都城《みやこのじょう》市には、「そばは一にも二にも香り」と標榜する蒲生《がもう》宏孝の『がまこう庵』、鹿児島市内には、大正元年創業の老舗『重吉《じゅうきち》そば』など、名店が多い。

手打ちは、まちがいなく美味いか

基本的にぼくのそば行脚は、手打ちの店と決めている。

なぜかというと、手打ちと機械打ちでは、まったく異なる食べ物になってしまうからと、考えているからだ。

譬えてみれば、手で握った寿司と、寿司ロボットという機械で握った寿司とは、まったく異なる食べ物になる。だから、寿司という同一の概念で比較するのは、寿司職人に対しても、寿司ロボットを開発した研究者に対しても、礼を失していると思えるからだ。

では、そばに関してだが「手打ちと機械打ちのどちらが美味いのか」という問題は、かならず付いて回ることになる。

本当に手打ちのほうが美味いと、ここで断言したいところだが、味覚には個人差があるため、容易に断定するのは難しい。

というのも、同じ素材を使って、同じ技術レベルの職人が手で打ったそばと、機械で打ったそばとを、食べ比べることができないからだ。

ではなぜ、手打ちそばがブームなのかといえば、手打ちを標榜している店は、素材を吟味して、丹精込めて打っているというのが、最も大きな理由だ。

これまで訪ねた店で、上等なそばを食べさせてくれたのは、ほとんどの場合、当主が契約農家から玄《げん》そばを仕入れ、自家製粉をして、丹精込めて手打ちしている店だった。

献立にしても、せいろ一本だけだったり、それに鴨汁そばなどを加えていたりしても、品数はせいぜい二〇品目くらいだろうか。

献立が少ないのは、仕方ないことだ。冷暗所に保存しておいた玄そばを、石抜きしてから、磨きに移り、粒《つぶ》揃え、選別、脱皮、そして石臼製粉までの六段階をていねいにやれば、朝の五時から作業を開始したとして、九時くらいまで掛かってしまう。

それからそばを打ち、ネギを切り、大根をおろすといった仕込みをすれば、午前一一時の開店時刻は、あっという間にやってくる。

とてもではないが、夫婦二人で切り盛りしている店では、せめて天ぷらや、鴨南蛮くらいまでで、それ以上の種物《たねもの》にまで手が回らないというのが実情なのだ。

それに対して機械打ちの店では、ほとんどの場合、そば粉の状態で粉屋から仕入れるから、機械まかせでそばができてくる。粉を作るまでの六段階、時間にして四時間ほどの猶予が生まれることになる。

その四時間プラス、手打ちの時間の一時間を足した約五時間で、天ぷらに使うえびやキスやイカの下拵《ごしら》えをして、鴨の肉を切り分け、とんかつ用の豚肉を切って整形して、ご飯を炊くこともできる。だから、献立も豊富で、そばやうどんはもちろん、ラーメンも、天丼、カツ丼、親子丼、店によっては、オムライスやチャーハンまでも、献立に揃えることができるのだ。

スポーツマンに譬えれば、短距離競走も、中距離も長距離も走り、幅跳び、高跳びに参加し、砲丸投げなどの投てき競技もやり、挙句にはサッカーや、バスケットボールにも顔を見せる選手だ。その選手が、一〇〇メートル競走一本に情熱を燃やす選手と走り、大差で負けるのは、ごく当たり前のことで、誰にも、負けた選手を批判する権利などはないだろう。

水回し加水量と、のしで差が生まれる

さて、もう一度、手打ちか機械打ちかの比較に戻ろう。

歴史を振り返ってみると、当然のように、製麺機が開発されていなかった江戸時代は、どこも手打ちだった。

しかし、明治中期に、製麺機が登場してから、手打ちの店はみるみると消えてゆく。製麺機といっても、人力でロールと切り刃を回転させる、ごく単純な代物《しろもの》だったが、手で伸ばして切るよりは、まったく力が要らず、作業の効率も比較にならないほどだった。

しかも、明治から大正にかけては、産業革命が全世界を席巻し、「いまさら手で作るそばなんぞ、時代遅れ」という風潮だったのだろう。

それ以降、昭和四十年代に入るまで、東京で名店と呼ばれる店は、ほとんどが機械打ちだった。

しかし、世間の流れに一石を投じたのが、名匠として謳《うた》われる片倉康雄だった。

片倉は、機械打ちより、手打ちのそばが、味覚的に優れている理由を、その著書『片倉康雄 手打そばの技術』(旭屋出版)で、こう紹介している。

「手打ちは、そもそもの加水量からして、機械製麺とは比べものにならないほど多量である。(中略)含有水分の多いものは、含有水分の少ないものよりも早くゆだる。このこと――ゆ

で時間が短くて済むということは、麺類の場合、ことに大事な意味を持っている。釜の熱湯が、一本一本の麺の中心部にまで浸透して煮えた状態となるまで時間がかからないので、表面が煮崩れることを防げる。その結果、口あたりや舌ざわり、のど越しの快さとなって生きてくる。さらにもう一点、ゆで時間の短さは、風味が飛ぶことをも防ぐ」

もう一つの理由として「『そばの生地《きじ》の側に常に逃げ場のある状態』で作業を進めるという手打ち仕事の特性が、食べ物の面で、長所となって実を結ぶ」と書いている。

簡単に説明すると、こういうことだ。機械製麺の場合、強い圧力をかけて、ロールで生地をのす。そのために生地の表面は、ツルツルののっぺらぼうのような状態になってしまう。

しかし手打ちの場合、少しずつ、生地の周辺に逃げ場を与えながらのしていく。そのため、生地の表面に、「のし進めるときに打ち込んだ打ち粉が、毛氈《もうせん》のような膜をなし、なおかつ、少しずつ少しずつのしひろがっていったことを示す微細な襞《ひだ》が、無数に走っている。このことが（中略）『一種ざらつくような感じを残しながらすべる』という、そばの不思議な感触を生み出す……」。

片倉の、この説明で、その違いが、五感で納得できたはずだ。

自家製粉にこだわる理由は？

片倉は、同書の「手打ちの課題」という項目で、こんな警鐘も鳴らしている。

「以上のような簡単な比較を通して、『手打ちなら、うまい』という結論を出す人がもしいたとしたら、それは間違いである」

そして、ぼくが冒頭で述べたような、素材の話に帰着する。

「手打ちだから、うまいのではなく、味のよいそば粉を使っているから（そして製麺の段階で粉の持ち味を殺していないから）、うまいのである。（中略）手打ちは、粉のうまい、まずいがストレートに表に出てくる打ち方、と言いなおしたほうがよいかもしれない」

この理論を、自ら証明する意味で、片倉は自家製粉の道を模索し、実践することになるのだ。

その片倉の意志を継承するように、ほぼ時を同じくした昭和四十年代から、東京や首都圏の店も自家製粉に取り組み始める。

東京・荻窪『本むら庵』の小張信男、千葉県柏市『竹やぶ』の阿部孝雄が発端となり、次々と追随する店が増え、現代に至っては、自家製粉することが名店の証《あかし》、とまで言われるようになった。

なぜ多くの店が、自家製粉に走ったのか。答えは明快で、自家製粉でないと、純度の高いそば粉を手に入れることが難しいからだ。

これまで、大衆的なそば屋は、製麺店から麺を買い、客に提供していた。

もう少し上等な店になると、粉屋からそば粉と小麦粉を買い、機械で打っていた。

さらに高級店を目指し、手打ちでやろうとなると、前出の片倉が指摘したように、「粉のうまい、まずいがストレートに表に出てくる」ことになる。

ここで、粉屋のそば粉では、品質的に物足りないという声が出てくる。

というのも、多くの粉屋では、ロール製粉を採用している。二本のロールを高速回転させ、その間に、黒い殻《から》を剝《む》いた丸抜きの粒を通して粉にする。この方法を使うと、短時間に大量のそば粉に製粉できるのだが、いくつかの問題点がある。

まず、高速回転するロールの間には、摩擦熱が発生する。その熱が、そばの香りを、失わせることになる。しかも、製粉されたそば粉が、そば店に運ばれるまでの時間で、劣化を始め、また、店に保存されている間にも、劣化が進んでいくことになる。

手打ちそばの場合、一回で一キロのそば粉と小麦粉を使って打つとして、水を四〇〇ミリリットルと少々、それに打ち粉を加えるため、出来上がりのそばの量は、約一・五キロになる。

それを、一五等分して、一人前を一〇〇グラム、それを茹で上げると、なおも水を吸い、約一五〇グラムの一人前の定量になるのだ。

夫婦で切り盛りする、住宅街にある、一般的な手打ちそばの店の場合、一日に売れる量は、四〇～五〇食くらいだろう。

つまり、一日で使うそば粉は、三キロ程度なので、二〇キロのそば粉を買っても、一週間で使いきれるかどうかということになる。

しかも昔は、「白い品物を扱う店は信用するな」と言われ、粉屋や米屋は、混ぜ物をするという風評があり、しかも、それを見分けることが難しかったのだ。

そんな理由から、いいそばを打とうとなると、玄そばを仕入れ、自分自身の手で六段階の工程を経て、石臼自家製粉をするという店が増えたというわけだ。

上級店を待望する

まさに、猫も杓子《しゃくし》も、玄そばから自家製粉というのが高級店の発想だが、手打ちそばの店が、雨後の竹の子のように増えた昨今、そろそろ頭を切り替えるべきときが来たのではないかと、ぼくは思う。

自家製粉にこだわったとしても、玄そばからではなく、丸抜きからでも、それはど品質は変わらず、その割に手間は大幅に減らせることが、最近、認識されてきた。

玄そば

丸抜き

そば粉

いや、製粉した状態で、粉屋から仕入れてもいいのではないかと、この頃は思えるようになってきた。

というのも、電動の石臼を設置している粉屋も増えてきた。粉屋も、昔ながらの商売のやり方では立ち行かなくなったことを認識して、誠意を持った商売をするようになった。

物流も、以前と比べれば、著《いちじる》しい発達を遂げ、冷蔵での発送なら、その日を含めて数日間に使うだけのそば粉を、その日に石臼製粉して届けてくれるといったシステムも可能だろうと、ぼくは考える。

そうすることで、玄そばからの石臼自家製粉の手間が省け、献立の幅を広げることができる。また、玄そばから自家製粉する際に必要なさまざまな機械の購入費、ランニングコスト、そして、玄そばや機械を置いているスペースの家賃なども、低減させることができるはずだ。つまり自家製粉の手間を省くことで、献立が豊富になり、コストを低減させることで、値段も下げることができるのではないか。

手打ちそばは、美味いけれど高いという声も少なくない。高級店で昼食に、せいろ一枚と、天ぷらそばを食べると、二〇〇〇円では済まないだろう。夕方に、肴《さかな》を二、三品注文して、日本酒を二本傾け、最後にそばで締めると、五〇〇〇円は覚悟しなければならない。

こうなると、そば屋は高級店というイメージが強まり、それは業界全体の活性化を阻む原因になる。

ここ一〇年ほどのそば屋の形態は、店屋《てんや》物まで商う大衆店か、自家製粉を行なう高級店かという二極分化が進んできた。

しかしぼくは、その中間の上級店の普及を願っている。

手打ちのよさを生かしながら、それでも自家製粉にはこだわらず、専門店から一定の基準点に達している粉を仕入れ、低コストを実現、その余力でメニューの多様化を図り、集客に努《つと》め、価格も二割ほど落とすのだ。

これまでは、特別の日にしか行けなかった美味いそば店に、週に一回は通えて、のんびりと酒を飲み、そばで締めくくる。サラリーマンでも、そんな愉しみ方のできる店が、嘱望されているとぼくは思うのだ。

最近、長引くデフレスパイラルのお陰で、早期退職を募《つの》る企業が増えてきた。

中堅企業の場合で、早期退職者への一時金は、五〇歳平均として三〇〇〇万円前後と聞いている。

住宅ローンはほぼ完済したとすると、一時金を資金に、店を持つことが可能だ。ではまず、どのような店を希求するべきかについて考えてみよう。

五〇歳前後で、そば屋に修業に入るか、そば打ち教室で学ぶかしたとして、手打ちそばの店を開業するとなると、まずは無難な小規模店を視野に入れるべきだろう。

座席数は二〇席くらいで、夫がそばを打ち、料理をして、妻が配膳するという形態だ。この形態ならば、大きな利益は期待できないが、人件費というリスクも払わずに済む。

体力的にも、客に応対できる限界点が、このくらいの規模の店だと思われる。

いま流行の、住宅街にある店ならば、駅前などの立地条件のいい店と比べて、家賃は安くなる。昼食時に客が二回転し、夕方に、常連客が数名、肴を注文して酒を飲んでくれれば、採算は取れるだろう。

では第二章で、もう少し詳しく、そば屋開店の方向性を探り、具体的な店舗の青写真を描いてみようではないか。

第二章　期待される「そば屋」像

健康志向さらに強まる

ご承知のように、二〇一〇年までの日本では、昭和二十二年から二十五年までに生まれ、戦後の日本経済を支えてきた団塊の世代が、大量の定年退職を迎える。

退職してからの人生のテーマは、健康と余暇の過ごし方だ。

戦後の、食物の不足した時代に思春期を送り、飽食の時代にサラリーマン生活をしたこの世代は、他世代と比べてより一層の健康志向を抱いている。

その意味からも、これからそば屋の需要は増え続けることが予想される。

ご存じのように、そばはひじょうに栄養価の高い食べ物で、水溶性のアルブミンというたんぱく質が含まれている。

そのアルブミンは、一〇種類の必須アミノ酸と、同じく一〇種類の非必須アミノ酸とで複合されたものだ。

たんぱく質の栄養価を計る単位のたんぱく価では、そば粉が八九・九パーセントなのに対して、白米七五・六パーセント、小麦粉は四六・七パーセントと報告されている。

しかも必須アミノ酸は、体内で合成できないために、食物として摂取するしかない重要な栄養素なのだ。

また、アミノ酸のなかでも、肉類や乳製品に含まれるトリプトファンが、白米や小麦には少ないのに、そば粉には多量に含まれているという事実もある。

ビタミン類も豊富で、最近よく耳にするルチンは、ビタミンPのことで、血圧の降下作用や、脳の活性化に効果があるという。つまり、現代病といわれる高血圧が原因の、脳溢血、脳梗塞、心臓病などの予防効果があり、ボケ防止にも役立つというわけだ。

もう一つ、ビタミンPは、アルコールを中和する作用があり、血液の流れをよくする。そば好きが、二日酔いしないというのは、迷信ではないのだ。

もちろんだが、食物繊維が多いため、整腸作用もあり、便秘解消に役立つ。

昔から「釜前は風邪をひかない」という言い伝えがあるとかで、釜の前でそばを茹でている職人は、釜から上がっているそば粉の栄養分を含んだ湯気を吸っているだけで健康になるとか。

自分が健康でいられて、なおかつお客さんの健康にも役立っているわけだから、これほどいい商売もないだろう。

おしゃれ感覚の社交場

昼過ぎに、軽く盃を傾けたいと思ったときに困るのは、適当な場所がないということだ。

居酒屋やバーは開いていないし、喫茶店で酒を飲むのは、何となくはばかられる。

そんなときに重宝《ちょうほう》なのが、そば屋だ。

三〇代や四〇代の男が、昼から酒を飲んでいる図というのは、あまりいただけないが、五〇代以上ならば、近所のご隠居が、昔を偲《しの》びながらの手酌《てじゃく》酒というのも、見ている者の心を和やかにしてくれる。

文庫本などを片手にというのも、粋《いき》な風情だし、小春日和の昼下がりに、窓際の席でご隠居が向かい合って、酒を飲みながら囲碁を打っているなどというのもいい景色だ。

これから高齢化社会になると、同世代が集って、趣味を語ったりする場所が必要になる。喫茶店では座り心地が悪いし、公民館などの公共施設では素っ気ないというときに、これからはそば屋が大いに利用されるのではないだろうか。

春先は、板ワサあるいはそばがきを肴に、常温で飲み、夏場は、冷奴やモロキュウなどで冷酒がお決まり、秋になれば、茸を軽く焙《あぶ》ってもらい、人肌の燗酒、冬ともなれば、火鉢に手をかざしながら、湯豆腐で熱燗といくだろう。

ただし、粋に飲むのだったら、多人数では具合が悪い。せめて四人くらいまでにしておきたい。それ以上になると、宴会になってしまうからだ。

長っ尻もまた、野暮だ。そば屋の肴は、居酒屋のように多彩ではなく、せいぜい一〇品ぐらいというのが一般的だ。しかも、焼き海苔、玉子焼き、鶏ワサ程度なのだ。それを次々と用意させて、ぐいぐい飲むというのはあまりきれいな飲み方とは言えない。

客になった場合は、そんなことに気をつけたいのだが、店の立場では、どんな点に気をつけるべきか。

まずは、酒は最低でも三種類は揃えたい。酒そのものを味わう、濃厚で芳醇《ほうじゅん》な酒。肴を引き立てる、淡麗な辛口。酒も肴も個性を主張しない、爽やかでフルーティーな味わいの酒だ。

そして、外から見える席と見えない席、あるいは外から見えても、障子やカーテンなどで、目隠しのできる席を用意してほしいものだ。

これは、それぞれの客の好みや、そのときの状況などによっても異なるのだが、〝粋に飲んでいる〟と、人から見られたい場合と、絶対に見られたくない場合とがある。

このあたりの客の雰囲気を察して、柔軟に対応してくれる店があったら、週に二度は通ってしまうだろう。

居酒屋と、食事どころの共存

昼過ぎに寿司屋に入り、軽く握ってもらっているときに、同じカウンターの横に座った客に盃を傾けられると、あまりいい気分ではない。

「昼間からいい身分だね」などと、いやみの一言《ひとこと》も口にしたくなる。

では、逆の立場だったらどうするか。昼下がりから飲んでいる貴方に、握りを頬張っている客が、面白くなさそうな視線を向けたとすると、「がつがつと食って、がつがつと働きなさい」などと、皮肉の一つでお返ししたくなる。

天ぷら屋、うなぎ屋、洋食屋も似たようなところがある。

しかし、そば屋ではそんな気分にならないのは、どうしてだろう。

よくよく考えると、こんな答えが浮かんできた。

人間には、粋と野暮とがある。

野暮とは、読んで字のごとく暮れていく野原のことで、明るいのか暗いのかはっきりしない状況で、江戸っ子だったら「はっきりしろい、まどろっこしい!」と、大声で背される。では、江戸っ子の最上の美学である粋とは何かというと、その字を左右に切り離すとお分かりのように、米を卆業する、の意味なのだ。

もうお分かりのように、米を食っている図というのはどうにも野暮で、人には見せたくないし、人が食っているのも見たくないのだ。

ことさら、気分よく酒を飲んでいる席の隣で、飯でも食われたりしたら、腹の虫が治まらなくなるというわけだ。

寿司屋、天ぷら屋、うなぎ屋で食べるのはご飯物だから、酒飲みが気分を悪くするという理由は、これでお分かりだろう。

もっともそば屋に入って、隣で食べているのがそばならば赦されるが、うどんだと眉をひそめたくなり、丼物を食べられると気分が治まらないのも、同じ理由からだ。

もし、ぼくがそば屋を開くとしたら、なるべく丼物は献立に入れないし、どうしても需要のある立地条件の場合には、昼時のみに限定したい。

あるいは、一つのアイデアとして、夜にも注文があったら、小さめのおにぎりにするという手もある。

そうすることで、居酒屋的な魅力と食事どころとの共存を図れたら、商売として完成度を高められるのではないだろうか。

中年からの技術習得

これまでに、会社員などから転職した、いわゆる脱サラ組を数十人、取材してきた。その中での最高齢は、五五歳からの出発だが、いずれの脱サラ組も、相応のそばを打ち、相応の料理を提供していた。

「寿司屋芸人、そば屋職人、天ぷら屋哲人、うなぎ屋変人」と言われている。

寿司屋は、対面商売の花形で、話術に長《た》けて、表情も豊かでなければいけない。最近、家の近くに開店した寿司屋で、最悪の体験をしたので、そのときの様子を書こう。

ぼくは、飲食店に入るときはいつも、客が立て込む前にしている。とくに昼時は、午前一一時半頃か、午後一時過ぎにしている。その日も、午前一一時過ぎに入って、カウンターに座った。

昼時は、お好みで握ってもらう客は喜ばれないと、何種類かの盛り合わせの中から一種類を注文した。

目の前に立っているのは、旦那らしい五〇代の男だが、店に入ったときから、なぜかその表情が苛《いら》立っているのだ。

どうしてだろうと、周囲に視線を走らせると、座敷に一〇人くらいの女性グループが座っているのを目にした。おそらく、予約していない、不意の来客なのだろう。

突然に忙しくなったため、仕込みが間に合わなくなり、それで苛立っているようなのだが、しかし寿司屋の旦那は、そのときの気分を顔に出してはいけない。

次に、もっとひどいことが起こった。

ぼくの注文を受けて、お運びの女性が書いた伝票を受け取った旦那が、それを隣の若い板前に渡したのだ。うなずいた板前が握り始めると、旦那はぼくに聞こえるようなはっきりとした声で、板前にこんな指示を出した。

「カツオから片付けろ。マグロは一貫でいい」

どういう意味か、お分かりだろう。旦那の言葉を詳しく解説するとこうなる。

「カツオの鮮度が落ちて、夕方になると使えなくなるので、一人前のお客にはマグロの代わりに盛り込みな」

これにはさすがのぼくも、気分を害した。

しかし、鮮度は落ちても腐っているわけではないので、ぼくは出来上がった寿司を口にした。するとまた、旦那が板前に指示を出した。

「かっぱ巻きを巻きな。棒のままでいいから」

これが何を意味しているかも、解説してみよう。

「団体の女性に出すかっぱ巻きを、巻きなさい。忙しいから、いつものようにキュウリを細かく刻まなくていい。縦《たて》割りにして、棒の状態で巻いていいからな」

つまり、手抜きをしろということだ。

この寿司屋の旦那は、自分の生きる道を間違えたのだと、ぼくは思わず憐れな気持ちになってしまった。

できる寿司屋の旦那なら、まったく逆で、鮮度の落ちたカツオでも「いいカツオが入ってますよ」と客を喜ばせるだろう。

物は気分で食わせる、これが「寿司屋芸人」の理由だ。

で「そば屋職人」というのは、そば屋は厨房の中の仕事なので、一切の言い訳も利《き》かないし、言葉での付加価値もつけられない。つまり、商品のみの評価ということになるから、職人としての腕だけでの勝負なのだ。

次の「天ぷら屋哲人」の理由はこうだ。天ぷらを揚げているときは、温度管理や天種の具合などに集中し、「いまだ!」という一瞬に、引き上げなければならない。寿司屋のように、客と世間話をしていると、いい加減な仕事振りと思われる。だから、哲人のように、頭を働かせている振りをしているというわけだ。

最後の「うなぎ屋変人」は、毎日、飽きずにうなぎの顔を見て暮らしているのだから、その顔や身体つきで、脂《あぶら》の乗りなどを感知しなければならない。だから、変人風の顔になってしまうのだ。

脱サラそば屋というのは、よく聞くが、脱サラ寿司屋、脱サラ天ぷら屋、脱サラうなぎ屋というのはほとんど耳にしない。

この理屈が「寿司屋芸人、そば屋職人、天ぷら屋哲人、うなぎ屋変人」という言葉に表われていると思えないか。

たとえば、四〇代で脱サラしたとして、その年代からでは芸人修業は難しく、哲人に変身するのも簡単ではなく、変人にはなりきれない。

料理自体の難しさという点では、四つの仕事にそれほどの差はない。具体的に、料理の修業がどうというよりも、料理という仕事を客に見られるという意識が、中年からの修業では重荷になるのではないかと思えるのだ。

メニューの構成

どこのそば屋でも、必ずある酒の肴のメニューを書き出してみよう。このメニューを見て、そば屋の肴の特性について思い浮かぶものがあれば、なかなかのそば通だ。

▽焼き海苔
▽板ワサ
▽玉子焼き
▽焼き味噌
▽天ぷら盛り合わせ
▽鴨焼き

▽そばがき

お分かりいただいただろうが、ここに挙げた料理は、すべて種物のそばに使う素材で、酒の肴のためにあえて揃えた素材ではないということだ。

海苔は、ざるそばに振りかけたり、いまはあまりメニューに見られなくなった、しっぽくそばに入れたものだ。

板ワサのカマボコは、そのしっぽくやおかめなどに使われる。

玉子焼きは、月見や玉子とじなど、そば屋とは切っても切り離せない素材の玉子と、だしと返しを適度に混ぜて作る、まさに定番の肴だ。

焼き味噌は、味噌とそばの実がメインの食材で、好みによってネギ、大葉、柚子《ゆず》などを加えるが、どれにしてもそば屋に不可欠な素材ばかりだ。

天ぷらの盛り合わせの素材も、鴨焼きの鴨も、種物に必要なものだ。

そばがきは、そのままで、そば粉を溶いたもっとも単純な肴だが、そば粉の品質がそのまま出るため、店によってはかなり神経質になっている。

以上のように、種物に使われる素材で肴を作るということは、大きな利点が二つある。

まず第一に、材料のロスが少なく、しかも回転がいいために、鮮度を充分に保つことができることだ。

第二に、種物のそばを作るのと同じような仕事になるため、仕事のテンポが一定で、客に出す手順に狂いが出にくいのだ。

最近では、それだけの限られた肴では不充分で、なおも多くのメニューを用意するそば屋が、都心に増えてきた。

やや裕福な、中年のサラリーマン層にターゲットを絞った店で、季節の刺身から、焼き魚、煮魚、鍋物までさまざまな酒肴《しゅこう》を揃えているのだ。

昔のそば屋の感覚では、粉を扱い、釜から湯気がムンムンと立ち昇っている厨房で、刺身包丁を振るうなど考えられなかったが、需要があれば対応するという、現代の感覚が受け入れられ、どこでもかなりの繁盛を見せている。

ただしこの場合、都内の交通の要所など、客が寄りやすく、回転率が高い店でないと、素材のロスが出て原価率が高くなり、あまり効率的とは言えない。

また、都内の高級店では、小型の七輪をテーブルに載せ、干物《ひもの》などの小魚を客に焼かせて、酒の肴として提供しているが、これはいかがなものか。

そばというのは、微妙な香りを愉しむもので、隣の席で干物を焼く煙をもうもうと立てられたのでは、どうにも興趣を殺《そ》がれるのだが、いかがなものだろう。

せめて、いかの一夜干しを、厨房で軽く焙って出すくらいなら、気にはならないのだけれど……。

立地に左右されない顧客誘導

そば業界の、二十世紀末の大事件といえば、かの高橋邦弘の経営による、山梨県長坂《ながさか》町の『翁《おきな》』の大盛況だろう。

遠方から車を走らせて来た客が、店の前に長蛇の列を作り、クラシックが流れる禁煙の店内で、せいろと田舎の二品だけのメニューから選んで食べ、満足して帰っていく。

そば屋に並ぶという、まさに珍現象が生まれたわけで、ある種の戦略の効果によるものだが、それもひとえに、高橋の熱意があってのことだ。

口の悪い人間は、その戦略をこう評する。

美味いという噂を聞きつけ、わざわざ車を走らせる。すると客の長蛇の列を目の前にして、なおも興奮に駆られる。待つことで期待感は膨《ふく》らみ、空腹感も増す。慇懃《いんぎん》な応対をされ、そこで食べることで、ステージに上がった名優の気分にさせられて味わうそばは、不味《まず》いはずがないのだ。

高橋が、かつて東京・目白で、そこそこに流行《はや》っていた店を閉め、山梨の山の中に移ったのは、自家製粉のできる敷地と、水を求めてのことで、そばに対するその熱意が客に伝わり、それがより多くの感動と、共感を得てのことだ。

熱意がなければ、奇跡も起こらなかった。

このことは、日本のそば業界に、まったく新しい神話を生み出した。

美味いそばを出せば、どんな場所でも、どんな店でも、客はやってきてくれるのだ。

その神話に魅せられて、脱サラしてそば屋になった人間の何と多いことか。

高橋の下で修業して、高橋の人生観に胸を打たれ、高橋のそば哲学を肝《きも》に銘じ、高橋と同じようなそばが打てるようになって独立していく。

しかし、多くの門下生が、小さな勘違いをしている。誰でもが、高橋のエピゴーネン（追随者）にはなれても、高橋自身にはなりきれないということだ。

このことは、片倉康雄という名人に師事した高橋自身が、もっとも熟知している事実であるはずだ。

高橋は、片倉に師事し、片倉の人生観、そば哲学、芸、仕事などを忠実に学んだが、決して片倉にはなれないことに思い当たる。では、どうして片倉に迫り、片倉と異なったそばに到達できるかを熟考した結果、自家製粉と水に行き着いたのだろう。

片倉の代表的な著作で、多くのそば打ちのバイブルともなっている『片倉康雄　手打そばの技術』（旭屋出版）では、石臼挽きについてはあまり多くの紙面を割《さ》いていない。水の重要性についても、とくには触れていない。

『翁』に客の列ができたのは、基本的には高橋の技術の賜物《たまもの》だ。しかし、それにさまざまな要素が、付加価値として絡みつく。

まずは、時代背景。目白から移転して、長坂町に『翁』を開店したのが昭和六十一年（一九八六）で、世の中はまさにバブル経済の真っ只中。人々は、金を使いたくてうずうずとしていた。そこに、美味いそばという情報が入ったため、中央高速道路をひた走ったのだ。

つぎは、ちょうどその当時に、そばブームの兆しが見えてきたことだ。とくに、石臼自家製粉の店が脚光を浴び始めていた。東京・荻窪の『本むら庵』は昭和四十六年、千葉県柏市の『竹やぶ』は昭和五十三年、静岡県島田市の『藪蕎麦 宮本』は昭和五十六年、東京・西荻窪の『鞍馬《くらま》』は昭和六十年から、自家製粉に取り組んでいた。

しかも、高橋の成功を睨みながら、当時は埼玉県吉川町で、現在は東京・両国の『ほそ川』、東京・学芸大学の『夢呆《むほう》』、長野県駒ヶ根市の『丸富』、東京・立川の『無庵《むあん》』、東京・八王子の『車屋』などの名店が、こぞって自家製粉を始めるのだ。

まさに、先導役の背中を見ながら高橋は走り出し、後続を振り返りながら、そばブームのピークに余裕の快走を見せたことになるのだ。

さて、ここでぼくは何を言いたいか。

まず、そばが美味ければ、立地条件にお構いなしで、客はやってくる。

ただし、『翁』と同じ手法では、もう客は呼べない。

高橋の下で修業し、高橋を神のように崇《あが》め、同じようにせいろそばと田舎そばで勝負している人間を知っているが、それで客は満足しなくなってきた。

客は、変化を求めている。高橋の芸は、高橋で終わり、今度は、別のそば打ちによる、別の芸を求めているのだ。

そのあたりを、じっくり見定めることのできるそば打ちだけが、次の時代で成功を収めることができるのだ。

店主の魅力が、店を決定する

料理には、料理人の人間性が現われるとよく言われる。

格別そばは、端的にその人間性が現われる。

かつてぼくが、『一茶庵』西神田店に通ったことを第一章で書いた。初めてそこでそばを味わったときの衝撃も、詳しく綴らせてもらった。

何度か店に通ううちに、ここの店主は、才気煥発で、芸術家肌の人間ではないかと感じるようになった。運ばれてくるそば自身が、自分の美味さを誇示して、謳《うた》い上げているような気がしたからだ。

当時は、片倉康雄の次男の英晴が、店を仕切っていた。自ら麺棒を握っていたかどうかは定かではないが、本人が打たずに弟子が打っていたとしても、弟子は師匠に倣《なら》って打っているはずだ。

それからしばらくして、足利本店を訪ねる機会があった。

本店は、長男の敏雄が責任者だった。

そこでそばをいただくと、西神田のそばとはどこか違うのだ。そばが、とても穏やかで、しかも爽やかで端然としているのだ。

このあたりの形容は、とても難しい。ぼくの印象が、二人の意向と異なる可能性もあるからだ。

しかし、あえて言わせていただくと、長男の敏雄のそばは秀才タイプで、英晴のそばは天才タイプだったような気がするのだ。

その後、取材で敏雄には会うことができたが、残念なことに、ぜひともお会いしたかった英晴は、急逝したために結局は会う機会を失ってしまった。

そばを通して、ぼくが描いていた英晴の人間像が、現実の本人と似通っていたかどうか、いまは知る由《よし》もない。

ただ、本人を知る弟子の間からは、かなり豪放磊落《らいらく》で、才気煥発の天才肌という話を耳にしたことがあるから、ぼくの認識も間違いではなかったようだ。

ともあれそばは、自分の手で水回しをして、自分の手で麺棒を繰り、自分の手で切り、自分の手で茹でて出す食べ物だ。

店主自らが厨房に立っている場合には、まったく他人の手を介さないのだから、店主の人生観から、性格、その日の気分などが、すべて表現されることになるだろう。

このあたりに面白みを感じて、立ち寄る客ができれば、まさに類は友を呼ぶの諺《ことわざ》どおりの、魅力ある店になるだろう。

大資本、外国人に介入できない世界

手打ちそばは、あくまでも手作りで、それだからこそ自分で店を構えた場合には、店主個人の牙城になる。成功するもしないも、個人の熱意、感性、努力、能力によるものだ。

窮地に陥ったときに、手を差し伸べてくれる人間はいない。しかし反面、個人の個性が強く出る形態のために、この業界を大資本が席巻する可能性は薄い。

最近、そばを出す居酒屋チェーンが台頭してきた。二度ほど、店を訪ねたことがあったが、まったく無味乾燥な店だった。

まず、店員がアルバイトのため、無愛想で仏頂面《ぶっちょうづら》で不勉強、注文をしても質問をしても「はい、聞いてきます」と、責任者に聞くだけで自分で答えられないため、イライラが募《つの》ってしまう。

料理もそばも、センターキッチンから運ばれてきたものを、軽く調理するだけの中途半端なものだった。

おそらく客のターゲットを、そこそこの値段で、そこそこのものが食べられたらという発想の、二〇代から三〇代くらいに絞っているのだろうから、ぼくなどに来られたらかえって困るのだろう。

だから、あるそば屋がどんなに繁盛したとしても、その近くに大資本の店がそれを真似て進出してくる可能性は少ないし、乗っ取られる心配もない。

もう一つ問題になるのは、外国人の進出だ。

世界で最も人件費と物価の高い日本は現在、外国資本や外国人労働者の脅威にさらされている。

しかしその点でも、手打ちそばの店は、まったく心配は要らない。

そばこそは、日本人の感性が育て上げた、日本人のための国民食だから、外国人が簡単に介入することは不可能なのだ。

五年ほど前、ある機会に恵まれて、銀座七丁目にある資生堂の経営する最高級フレンチレストラン『ロオジエ』で食事をしたことがあった。

季節は、真冬だった。

当時の総料理長は、フランス国家最優秀料理人賞の受賞経験のある、ジャック・ボリーだった。

あらゆる料理に、ジャックらしい繊細さと大胆さが織り交ぜられて、素晴らしい感動に包まれていた。

ただし、ぼくとしては唯一、スズキのポワレにだけは、疑問符をつけなければならなかった。というのも、スズキは夏に脂が乗って、旬《しゅん》を迎える。冬に食べる魚ではない。冬ならば、ヒラメかタラかフグで、このくらいのことは日本人ならば、寿司屋で三年も修業した若い子でも知っている。

だからといって、ジャックを責めるわけではない。

それを裏付けるような事実を、今年の初めに読んだ『裏ミシュラン』（バジリコ）であらためて知らされた。

それは、フランスの美食の権威、ミシュランの審査員が、その裏側を告白した内容の本だが、著書のパスカル・レミは、こう記している。

「世間で言われているのとは違い、実際の我々は目を閉じたままで、サレルス牛とシャルロレ牛、鱈《たら》と鯖《さば》、ワインのジュリエナとサンタムールの違いを当てることはできない」

まさに、肉食人種と、魚食人種の違いなのか、あるいは舌の感性の違いなのだろうか。それとも、経験の差によるのだろうか。

日本人ならば、小学生でも区別できる鱈と鯖が、ミシュランの審査員に判別できないとは、まさに驚天動地の大事件だった。

だとしたら、これはぜひとも試してみたいのだが、フランス人に手打ちそばと機械打ちのそばは判別できるのか。もう一つ、そば粉一〇〇パーセントの生粉打ちと、そば粉五〇パーセントくらいの、市販のそばはどうだろうか。

おそらく、一〇人のうち九人まではお手上げだろう。

そう、これでお分かりのように、そばは日本人の国民食で、他国の人間には、作ることはもちろん、味わうことも不可能に近いと思うのだ。

繊細な味覚の、日本人として生まれたことを感謝しながら、あらためてそば店の可能性を模索してみてはどうだろうか。

第三章　実践！　そば打ち修業一週間

修業の心構え

最初に断わっておくが、ぼくは「そばが好きだから、そば屋にでもなろう」と、何気なく修業に入る、中学や高校の卒業生ではない。

これまでに約三〇〇軒を食べ歩き、一〇〇人ほどのそば打ちに取材し、三冊のそば関係の著書を上梓し、約六〇冊のそば関係の書籍や雑誌類を読破して、基本知識は身に付けているという自負がある。

それだからこそ、今回設定した、一週間という修業期間だ。

とはいえ、どう考えても一週間で飲食店のノウハウを身に付けることなど、まず不可能であり、無謀でもあると思うだろう。

そこを乗り越えるために必要なことは、ただ一つ、理論の構築ではないだろうか。

つまり、そばはどういう植物であり、玄《げん》そばはいつ実り、どう刈り入れられ、どんな経緯を経てそば粉になるのか。

そば粉になってから、つなぎの小麦粉との割合をどのくらい、加水率はどのくらいにして、最終的にそば切りになるのか。

そば切りはなぜ、大量の湯で茹でられ、なぜ冷水にくぐらされるのか。せいろそばに使われる辛汁（もり汁）と、かけそばに使われる甘汁（かけ汁）はどう違うのか。

こういったことを、あらかじめ理論として蓄えておくことで、単なるそば好きの少年よりも的確に、明快に技術を理解して、身体に覚えさせることも容易になると思うのだ。理論がしっかりしていれば、細かい技術は、修練することで身に付けることができる。

だからぼくは、修業に入る前の一週間、これまでに読んだ書籍をもう一度読み直し、重要な部分には赤線を引き、付箋を貼った。

それと同時に、写真を中心として構成されている、さまざまな教則本を目にして、そば打ちの段取りを予習した。

水回しから始まり、くくり、練り、菊練り、へそ出し、地のし、丸出し、四つ出し、本のし、たたみ、切りという段取りだ。

このように書くと、難しく思えるかもしれないが、これも理論的に考えれば、ごく当然の工程になる。

そばを打つための基本は、できるだけ均等に粉と水とを混ぜ合わせ、均等の厚さに伸ばし、均等の太さに切ることだ。そのために、水回しから切りまでの段取りが生まれたのだ。

そう考えれば、自然と身体が次の作業に向かって動くようになる。

師匠は神様である

教師と師匠とは、明らかに異なる存在だ。

教師とは、物事の真理を教える人間である。

師匠とは、物事の真理だけでなく、職業としての心構えから、仕事との取り組み方、具体的な技術などを伝授する人間である。

教師の教えだけで、人生を生き抜くことは無理だが、師匠の教えを守ることで、師匠と同じ技術を習得し、それで飯を食うことができるようになれるのだ。

かつての師弟関係では、弟子は一〇〇パーセント、師匠の生き方、師匠の信念、師匠の技術を継承することであった。

「おれは、そばは二八《にはち》（そば粉八割、小麦粉二割）に止《とど》めを刺すと思うから、それ以外は打たない」

師匠がそういう信念を持っていたら、弟子はひたすら従うだけだ。

人によっては、そば粉一〇〇パーセントの生粉《きこ》打ちが美味いとするが、あなたもそう思ったならば、その打ち方を身上とする師匠を探すべきだ。

そば粉九割の、九割そばに関してもそうだし、そば粉一〇に対してつなぎ一を加える、外《そと》一《いち》そばも同じ理由だ。

しかもかつては「なぜ二八なんですか」と聞けば、たいていの師匠は「それがいちばんだから」と答えていたし、弟子はそれで納得していた。

だが、時代は変わり、いまではきちっとした理論を聞くことも可能になり、師匠もはっきりと理論的に答えるようになった。

「そば粉が多すぎると、喉にざらつく感じが残るため、二割の小麦粉でそれを緩和させる。二割以上だと、そばの香りが立ちにくくなり、一割ではまだわずかにざらつきが残る。それが二割の理由だ」

ただし、師匠が神様に近い存在であることは、いまでも変わらない。

なぜならば、おそらくほとんどのそば屋が、師匠がこの世に存在しなければ、自分はそば打ちになっていたか分からないし、おそらく異なった人生を送っていただろうと考えるからだ。

それだけに、師匠選びは、人生を賭けての重大な選択になる。

そばに対する考え方が真摯《しんし》であり、素晴らしい技術を持っているだけではなく、人間的にも魅力があり、理想的な生き方をしている師匠を選ぶべきである。

ただし、師弟関係というのは、たとえば親子関係、夫婦関係などと同様に、理屈だけでは計り知れない部分があり、最も大切なことは、相性だと思うのだ。

たとえば、気の短い師匠に付き、よく怒鳴り散らされるとする。

それに対して「怒鳴られると、気持ちが萎縮してしまう」「いつまた怒鳴られるかと思うと、気になって仕事に集中できない」と感じるようならば、師匠との相性が悪いのだ。

だが、「怒鳴られることで、よし今度こそはと情熱が沸く」「はっきりと自分の欠点を指摘してもらったほうが潔くていい」と感じるようならば、師匠との相性が抜群ということになる。

前の例とは正反対に、口数が少なく、感情も露わに出さず、自分の仕事を見て勝手に覚えるようにと、弟子に対応するタイプの師匠もいる。

それに対して「ちゃんと一つずつ、仕事を教えてほしい」「やるべき仕事を指図されないと、何をやったらいいか分からない」と考えるようなら相性が合わないし、「がみがみ言われないので、のびのびと仕事ができる」と感じるようならば相性が合うのだ。

ぼくが選んだ師匠

今回、五八歳のぼくが、一週間の修業をするにあたり、師匠をどう選んだか……。読者の方の参考になればと思い、正直に記すことにする。

まず第一に考えたのは、人柄である。

自分のことで、少しばかり照れるが、二三歳のときからぼくはずっとフリーランサーで、一度も、宮仕《みやづか》えをしたことがない。周囲にも、同様の人生を送ってきた友人が何人かいるが、共通している欠点は、協調性がなく、自己本位であり、短気だということだ。

会社員を一度でもやれば、協調性が身に付き、なるべく波風を立てない社会生活を送ろうと心するだろうが、ぼくたちの仕事は、かなり気ままで、職人的で、個人的な仕事だ。

単純な話だが、書き上げた作品が、評価されればなおも仕事が舞い込むが、不評だと仕事を失うことになる。

パソコンに向かって書いているときには、どんなに苦悩していても、誰も救いの手を差し伸べてはくれないし、作品が不評だとしても、言い訳はできない。

そんなぼくと相性が合うのは、穏やかな人柄の師匠だ。

短気で言葉の荒い師匠に付くと、「下手くそな奴だな。何でもっときれいに、そばが切れない？」「しょうがないでしょう、まだ初心者なんだから」「初心者だって、もう少し上手くできるはずだ」「そんなこと言っても、おれは不器用なんだよ！」などと、すぐにでも喧嘩別れしてしまいそうだ。

次に、条件の一つに挙げたのは、仕事に対する熱意。

ぼくは幸いにも、これまでさまざまなメディアで、そば屋、あるいはそば職人を取材してきた。二、三〇分の取材から、四、五時間に及ぶ取材などさまざまで、全国で一〇〇人ほどになるだろう。

一〇〇人の中のほとんどが「そばが好きだから」「少しでもおいしいそばを味わってほしい」「お客さんの嬉しそうな顔を見たい」と、笑顔を浮かべるロマン派ばかりだった。ストレートには言わなかったが、「そばで金儲けをしたい」と暗に思わせる野心家は、わずか三、四人だった。

言ってみれば、そばがいかに魅力的であり、奥が深く、一生の課題として取り組むのに相応《ふさわ》しい、素材であるかを示している。

なかに、特筆するほどに、情熱をかけて取り組んでいる人が二〇人ほどいた。脳細胞の九九パーセントがそばで占められ、人生の九九パーセントをそばに対する情熱に燃やし、まるでそばがこの世から消えるとともに、人生も燃え尽きてしまう、そんな人たちだった。

情熱を肌で感じるのは、自家製粉などという、単調で単純で手間のかかる仕事をしながらも、なおかつメニューを充実させていることだ。

そうするためには、朝は六時頃には起きて仕事を始め、午後八時に閉店してから店の片付けを終え、家に帰り着くのは九時過ぎになるだろう。ほとんどの人が、休日までも、店でそば粉と向き合っているのには、まったく頭が下がる思いだった。

迷わずにぼくは、そのような人を師匠と呼びたい。

次の選択肢は、当然のようにそばがおいしいこと。これも言わずもがなで、ぼくの意に沿う人物は、有名店で学び、修業して、腕は確か、瑞々《みずみず》しく、きりりと角が立った端整な顔のそばを打つ人だ。

そして次は、できれば空気と水のおいしい場所で修業をしたい。

人が生きるための基本は、まさに空気と水で、初老の体に鞭《むち》打ち、一週間を修業で過ごすのならば、その二つにはこだわりたいと思ったのだ。

さあ、最後の条件になるが、それはあまりにも有名な大規模店ではないことだ。

たとえば『一茶庵』足利本店、柏の『竹やぶ』、荻窪の『本むら庵』などは、数多くの弟子が修業中のため、年配の男が顔を出したのでは、情熱を燃やしている若い人たちが落ち着かないと考え、選択肢から外した。

中規模、あるいは小規模の店に絞った。

そして、最終的に出した結論は、静岡県東伊豆町《ひがしいずちょう》稲取《いなとり》の『誇宇耶《こうや》』で、店主の山田啓偉を、師匠として選ばせてもらった。

山田とはこれまでに数度、取材で会い、そば打ちとして、そば屋の店主として、頑《かたく》な信念、誰にも負けない熱意、ひたむきな向学心など、敬服することが多かった。

電話を入れると「ぼくでいいのですか？」と、相変わらずな謙遜した言葉。

「あなたでなければ、なりません」

きっぱりと伝え、電話を切った瞬間から、五八歳の情熱の炎がめらめらと燃え上がるのだった。

《初日》

発泡スチロールの簡易冷蔵庫

午前四時過ぎ、窓外の喧騒を耳にして、目を覚ました。

全身に、びっしょりと汗をかいて、寝巻きの背中が、敷布団のシーツと汗で貼り付いていた。まだ残暑の残る、九月初旬のことだった。

稲取漁港を見下ろす、突堤から一〇メートルほどの場所に建つ『糀《こうじ》屋旅館』。喧騒の正体は、漁港から出航して漁場に向かう漁船のエンジン音と、漁師たちが無線で話し合う声だ。

稲取漁港は、東伊豆地方でも有数の近海漁業の基地で、主に金目鯛《きんめだい》を狙って早朝に船を出し、昼頃に帰港する。知識としてはあったが、まさかそのために早朝の四時に自分が目を覚ますことなど、思いも寄らなかった。

目を覚ました原因は、もう一つあった。

はっきりとはしないが、『誇宇耶』の厨房で、ぼくが何かのミスを犯し、必死で頭を下げている、そんな夢を見てうなされたのだ。

一週間以上も、自宅を留守にするのは、七、八年振りになる。

前回は確か、オーストラリアへの取材旅行だった。取材旅行も、かなりの緊張感を強《し》いられるが、たいていの場合は、仲間内のカメラマンや編集者が一緒のため、気が重くなることはない。

しかし今回は、たった一人での修業だ。

未知の人たちの間に入り込み、これまでに経験したことのない仕事を任される。笑われるか、怒られるか、無視されるか、邪魔者扱いされるか……。

かつて、日本がまだ貧しかった明治・大正時代、農家の次男、三男、そして娘たちは、都会の店に奉公に出され、また昭和中期までは、金の玉子と呼ばれて東京に集団就職をした。テレビもなく、雑誌でも活字が中心だった時代に、環境も、習慣も、言葉もまったく異なる世界に飛び込むことがどれほど心細かったか。きっとそれに似たぼくの不安や緊迫感が、夢となって現われたのだろう。

しばらくうとうとと、夢か現《うつつ》かの世界をさまよっていると、午前七時半「朝食の用意ができました」という、旅館の女将《おかみ》の声で我に返った。

日常生活では、たいていが午前一一時頃、麺類のブランチで過ごしているぼくにとって、久し振りの日本食の朝ごはんがおいしかったこと。

鯵《あじ》の開き干し、玉子焼き、イカの塩辛、納豆、ゴマ豆腐、味付け海苔、お新香、味噌汁、ご飯。

満腹になってから、部屋に戻り、ごろごろと三〇分ほどの食休み。着替えをしてから、午前八時五〇分、元気を出して『誇宇耶』に出勤だ。

『糀屋旅館』の玄関から外に出ると、真っ青な空がズーンと広がっているが、海の目の前だけに風が強い。

気持ちは修業に向かって燃えているが、どこか不安な胸には、強い風が吹いている……。まるでぼくの、心象風景を象徴しているような天気だった。

車で五分、店の駐車場に車を駐《と》めて店の玄関に向かうと、すでに師匠は、入口の横にある打ち場でそばを打っていた。

「お早うございます」

声を掛けると、ガラスの向こうで軽く頭を下げた。

店内を抜け、右手にある厨房に入ると、初対面になる料理長が、てきぱきと料理の仕込みをしていた。

「お早うございます」

新人は、ここでも丁重《ていちょう》に挨拶する。

「はい、よろしくお願いします」

そこに、そば打ちを一段落させた師匠が顔を見せ、紹介してくれる。

「料理長の、土屋謙一さんです。こちら、取材の金久保さん」

ぼくは、慌てて首を横に振る。

「取材ではなく、修業と思ってきました。初歩的な質問などをしますが、邪魔だったり、うっとうしかったりしたら、遠慮なく言ってください」

「はい」

料理長は、軽くうなずいてから、また仕込みに入った。

まず、冷凍庫から凍ったままの鴨肉とえびを取り出し、バットのまま厨房の一角に置き、自然解凍させる。

次に大型の業務用冷蔵庫から、みかん箱を二つ並べたほどの大きさの、ほぼ正立方体の発泡スチロールの箱を取り出すと、蓋《ふた》を開けた。

その瞬間に、ぼくは早くもプロの裏技を目の当たりにしたのだ。

プロの秘密兵器・発泡スチロールの簡易冷蔵庫

箱の中は、三列×四列＝一二個の、四角形をした金属の容器で仕切られていた。

右上から左へ、一列目の三個の容器には、茹でた小えび、ワカメ、大根おろし、次の列は、茹で玉子、オクラ、キュウリ、その下の列は、カマボコ、細切りネギ、三つ葉、最も下の列は、密閉容器に入った湯葉《ゆば》、斜め切りネギ、その横の最後のコーナーは、ほかの半分の大きさの容器で、柚子《ゆず》と生麩《なまふ》が入っていた。

つまりこの発泡スチロールは、そば屋で最も多く使われる、薬味入れになっていた。

仕組みは、昔の氷の冷蔵庫と同じで、箱の底に、凍らせた保冷剤を敷き、その上に素材を置いている。

そうすることで、適度な温度と湿度を保ち、大型冷蔵庫から出し入れする手間を省き、しかも出し入れすることで、冷蔵庫の内部の温度が上がることを防いでいるのだ。

「素晴らしい、プロの知恵ですね」

この日は金曜日で、定休日が木曜になっている『誇宇耶』は、ちょうど休み明けになるため、料理長の手は休むことがない。

薬味入れに、細切りネギの補充が必要とみると、裏にある、三畳間ほどの広さの冷蔵室からネギを取り出し、洗い場で洗い、切り揃えて箱に入れ、次はオクラ……。

そうしているうちに、ホールを担当する梅原和子さんと、市川美奈さんが出勤してくる。

「お早うございます」

挨拶を終えるとすぐに、和子さんは、店の床の掃き掃除を始める。次に、店の窓ガラスを拭き、窓枠を拭く。

美奈さんは、一言《ひとこと》も言わずにトイレに消え、いくら経《た》っても出てこないのは、懸命に掃除をしているからだろう。

続いて和子さんは、テーブルの上に逆さまにしておいた椅子を床に下ろして回る。テーブルを丹念に拭くと、新聞をラックに束《たば》ねて吊《つ》るし、座敷に上がる手前に置かれている下駄箱を掃除する。

やがてトイレの掃除を終えた美奈さんは、厨房の裏に向かい、冷蔵室から大根を取り出し、よく洗ってから皮を剝《む》く。そして、業務用の電動おろし機で大根おろしを作り始める。一〇時を回り、師匠の母堂である山田美野《よしの》さんが、花束を下げて出勤。店内に、そしてトイレに花を活《い》けて回る。

そうこうするうちに、師匠の尊父である恭作さんも、籠《かご》に入れた野菜を持って登場。本職は農業だが、時間のあるときには店に顔を出し、積極的に手伝うという。

きょうは、残暑が厳しく風も強いため、砂利を敷き詰めた駐車場に水を撒き始めた。

それにしても、全員がよく働く。無言のままで、まさに〝チーム『誇宇耶』〟は、ひたすら身体を動かして、自分の持ち場を全《まっと》うしている。

人間が生きるということは、こういうことなのだ。理屈を捏《こ》ね回すのではなく、身体を動かして自分に与えられた仕事を全うする。

ああ、物書きなんていうぼくの仕事の、何と女々しくて、生産性のないことだろう。

小皿は重ねて整理する

さてこの辺で、ぼくが修業に入った『誇宇耶』と、師匠の山田啓偉を紹介しよう。

山田は昭和三十四年、静岡県賀茂《かも》郡東伊豆町稲取に、前出の山田恭作の長男として生まれ

稲取で生まれ育ったわが師・山田啓偉

る。県立稲取高校を卒業後、農業の父親の後を継ごうと、静岡県立農業短大に進学して卒業。五年ほど農業に従事するが、その後、料理人への憧れを抱くようになる。

さまざまな店で見習いをしながら、地元のそば屋に勤め、その後、当時伊東市内で片倉英晴が開催していた『一茶庵手打そばうどん教室』を受講して、そば打ちの基本を習得する。

その後、東京に出て『浅草一茶庵』（現『駒形蕎上人《そばしょうにん》』）、江東区にある老舗『京金《きょうきん》』、大阪のうどん店『志呂兵衛《しろべえ》』、板橋にある料亭『文豪屋敷』、神奈川県清川村のそば店『山登《やまと》』、埼玉県浦和市の『一衣《ひとえ》』などで修業を積み、平成三年（一九九一）十二月に、『誇宇耶』を開店した。

現在は、妻・寿代《ひさよ》、長男・純也、長女・結加、次男・真也と五人暮らし。

なお店名は、先祖が元々、染

め物屋、つまり「紺屋《こうや》の白袴《しらばかま》」の紺屋だったため、最初はそのまま紺屋とするつもりだったが、いまの人には〝こうや〟ではなく〝こんや〟と読まれそうなので止めて、当て字にしたという。

ちなみに漢和辞典で調べてみると「誇」の字義は〝大声をはいて自慢する。〟と書かれ、「宇」は〝①いえ。②のき。③のきの下。④やね。⑤そら。⑥天地四方。宇宙。⑦人の器量。度量。⑧こころ。たましい。⑨おおきい（大）。〟とある。「耶」は〝①や。か。疑問・反語・感嘆のことば。②おやじ。父を呼んでいう。③よこしま。〟と書かれていた。

以上を総括すると、〝人は器量だ！と誇っている〟という意味になるが（？）、そばに関しては並々ならぬ信念と自信を抱いているが、普段は謙虚な師匠の人柄と、好対照な店のネーミングであると感心させられた。

なお、『誇宇耶』の所在地は、伊豆の東海岸に沿って、熱海と下田とを結ぶ、国道一三五号線沿いだ。左手に相模湾を眺めながら国道を南下し、熱川温泉を通過、やがて左手眼下に稲取温泉の町並みを眺めながら進むと、すぐに左手に見えてくる。

目印は、昔の大きな庄屋さんの家のような、立派な建物で、紺色の暖簾に白抜き文字で「そばが喝《うた》い　つゆが舞《まう》」と書かれているので、すぐに分かるだろう。

店内は、椅子席と畳の席が、合計で四四席。とくに、入口を入って奥の席は、伊豆半島の

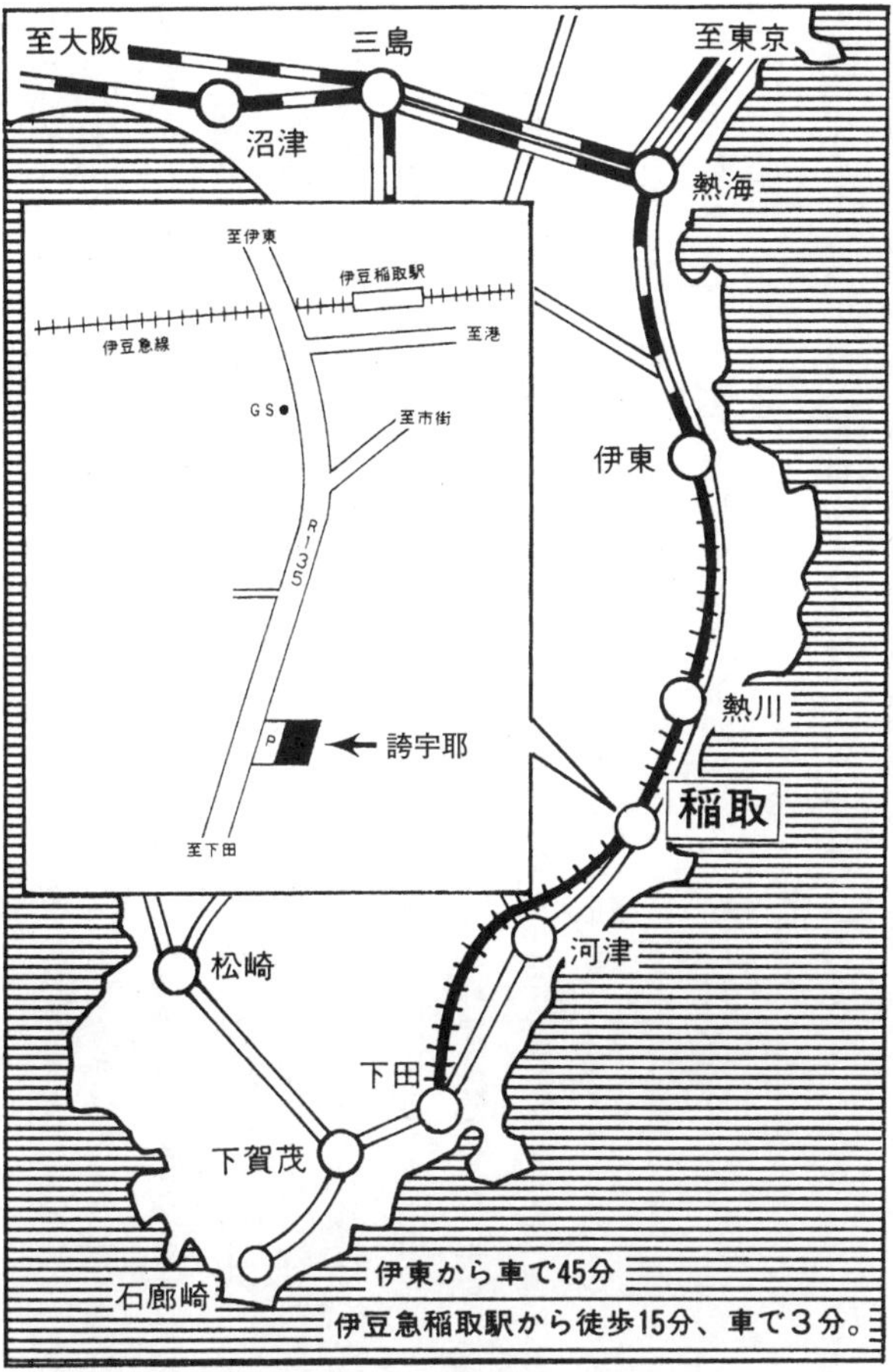

『誇宇耶』　静岡県賀茂郡東伊豆町稲取1940-1
Tel 0557 (95) 3658　http://www.sobaco.ne.jp/

東の突端にある、下田市の白浜海岸から爪木崎《つめきざき》までのなだらかな海岸線が一望でき、まるで特別席のようだ。

厨房は店の向かって右隣にあり、約六坪で、その奥には準備室があり、ここも約六坪で、冷凍品が入った冷凍庫が二台、業務用の大型冷蔵庫が一台、さらに玄そばや野菜類を保存している冷蔵室が一室ある。

さて時間は流れ、午前一〇時半を回ったが、なおも全員の仕事は終わらない。

料理長は、玉子を焼き始めるが、これがまたぼくには〝目から鱗〟の妙技に映る。

ほぼ正方形をした玉子焼き機を、ガスコンロに掛けて火を点ける。右手で持った菜箸で、棚に置いたキッチンタオルを摘《つ》まむと、すぐ横にある天ぷら鍋に落とし、張られている天ぷら油を吸い込ませる。天ぷら油をたっぷりと吸い込んだキッチンタオルを、今度は玉子焼き機に落とすと、じっくりと表面を焼き、キッチンタオルをゴミ箱に捨てる。そして次に、玉子焼き機を水で洗い始めたのだ。

こうすることで、玉子焼き機の表面に油が馴染《なじ》み、焦げ付いたりすることなく、玉子が焼けるのだ。

「寿司屋さんみたいに、毎日のように焼くわけではないので、こんなやり方をする」

口数の多くない料理長は、朴訥《ぼくとつ》にそう解説してくれた。

堂々たる造りの誇宇耶は駐車場も広い

次に料理長は、ジャガイモとニンジンの皮を剥き、親指の先ほどの大きさに乱切りしてから鍋に掛けた。何のためかと眺めていると、何と肉じゃがを作っているのだ。そんなのメニューにはないと思い、よく考えて眺めていたら、ご飯物のメニューに目が行った。

〝天重〟〝天婦羅御膳〟〝鴨ロース丼〟などの下に〝小鉢、お新香、小うどん〟と書かれていたので、はたと膝を打つ。そう、小鉢用の肉じゃがなのだ。

さて、和子さんはというと、小皿に、ネギ、大根おろしの薬味を入れ、四角の盆に並べていく。一列、二列と並べると、今度はその上にも小皿を並べていく。

これもまた、プロの発想と、またしてもぼくは感激する。

一般的な考え方では、薬味を入れた小皿を重ねることなど、何となく不衛生に思えてしまう。しかし、小皿の底がきれいではないという先入観が、そう思わせているだけで、小皿の表も裏もきちんと洗っておけば、不衛生であるわけがなく、重ねることで場所もとらなくなるのだ。

初日から、まさに感激の連続だ。

窓からは、爽やかな風が吹いてくる。

一一時の開店を前にして、和子さんが店内の照明を点灯する。それから店の外に出て、暖簾を掛け、入口の横に立て掛けてある閉店の看板を裏返して、営業中にする。そして、BGMのスイッチを入れて、準備は万端整った。

と同時に、料理長が腕を振るった賄《まかな》いが完成する。きょうの賄い料理は、つい一時間ほど前に、師匠の友人で、稲取駅前でラーメン店『わさらび』を経営する塙好正さんが差し入れてくれたラーメン。モヤシ、ピーマン、タマネギなどの炒め物を添えて、栄養たっぷりだ。

和子さんと美奈さんは、店の奥の座敷に運び、襖《ふすま》を閉めてラーメンを味わう。きょうは、開店と同時にやってくる客に対応する当番になっているのか、母堂は、暖簾で客席と隔てられているカウンターで、立ったままでの食事となった。

ぼくも、賄い料理のご相伴《しょうばん》に預かる。

賄い料理を食べるのは、二〇歳の浪人時代にアルバイトしていた、六本木のイタリアンレストラン『カッペリーニ』以来だから、じつに三八年振りになる。いやあー、これもまた感激だ。

最初の客は……

師匠と料理長は、厨房で賄い料理の野菜ラーメンを啜っている。

ぼくは、厨房の裏にある、腰の高さほどの大型冷凍庫にラーメン鉢を置き、ビールケースを逆さまにして、新聞紙を置いた即席の椅子に座り、麺を啜り汁を飲む。

と、そこに母堂の声が届いてきた。

「十割二枚、伊勢海老天、鴨焼き」

一一時一三分、最初の客が来店したのだ。

鴨焼きで、ビールを一杯、そしてこの店の看板料理、伊勢海老天せいろで締めようというのか。しかもそばは、十割を所望とは、なかなかの客。この店が目的で来た客か、あるいは贅沢な旅を愉しんでいる客か……。客席と厨房をさえぎっている暖簾の隙間から覗くと、四〇代くらいのご夫婦のようだった。

厨房の中は、開店前とは異なる、うだるような暑さになっていた。それもそのはず、そばを茹でる釜と、うどんを茹でる釜の、二つの巨大な釜に火が入って、厨房に湯気が立ち込めているからだ。

さて、注文を受けた料理長は、厨房を出て裏の冷凍庫に走った。戻ってくるときに手にしていたのは、冷凍した伊勢海老。頭と身を切り離し、身のほうの殻《から》は外してある。それを電子レンジで解凍する。

料理長の一挙手一投足を眺めながら、師匠は言う。

「本当ならば、活《い》けの伊勢海老を使いたい。しかし、生かしたまま保存するのは難しく、お客さんの注文を受けてから下拵《ごしら》えしていたのでは、多くの数の注文には、とてもではないけど間に合わない」

そこが、素人《しろうと》とプロとの違いなのだ。

素人のぼくたちは「きょうの夕食は、伊勢海老の天ぷらだ!」と、買出しに行き、時間もゆっくりと掛けて、下拵えして、本番で揚げればいい。

だが、プロは違う。いつでも、どんなときでも客の注文に答えなければならない。もし、一〇人の団体が来て、伊勢海老天せいろ一〇人前と注文されても、応じなければならない。ほかのお客がいても、その客に迷惑をかけずに、一〇尾の活けの伊勢海老を捌《さば》き、天ぷらに揚げるのは容易ではない。

ところが、冷凍ならば可能になる。

解凍してからの段取りを、ここで紹介しよう。

まずまな板の上に置き、海老の身に切れ目を入れて筋を切り、揚げたときに身が丸まらないようにする。次に、布巾でよく水気を拭き取る。

粉を冷水で溶く。そして、油の温度を確かめるために、菜箸に含ませた水溶き粉を鍋の油に落としてみる。

「揚げ油の温度は、約一八〇度。衣が鍋の底に着く寸前に、泡になって浮き上がってくるくらいの感じ。底に着いてしまうようだと、まだ温度が低い。油に入れた瞬間にはじけるのは、温度が上がりすぎ」と料理長。

さて揚げ油が、ころあいの温度になったところで、まず海老に軽く下地の粉を振り、衣をまとわせて油に入れる。当然のことだが、海老は尻尾を摘まみ、その尻尾を向こうにそっと泳がせるような形で入れる。逆にすると、油が手前に跳ねて、火傷をする可能性があるからだ。次に、カボチャ、ナス、オクラを入れる。

と、次の瞬間、料理長は「あれれ……？」という行動に出た。何と指先に水溶き粉を含ませ、油の中に浮いている海老や野菜の表面に塗り始めたのだ。

「熱くないんですか」

「衣が指先に残っているうちは、熱くないさ」

この〝天ぷらに花を咲かせる〟という揚げ方は、そば屋ならではの手法で、一般の天ぷら屋ではやらない。

そば屋の天ぷらは、やや多めの衣が付き、その衣が、汁の中に溶けることで、独特の風味や、濃厚な味覚を作り出すのだ。

天ぷらは、目と耳で揚げると言われるが、まさにそのとおりで、種がまだジュージューと大きな音を立て、多めの気泡ができているうちは、水分が残っていることになる。やがて、音が静かになり、気泡も小さくなると、種に含まれている水分がほどよく抜けたことになる。

天ぷらが揚がっているうちに、ぼくが、何に使うのか、先ほどから気にしていた道具が使われた。

それは、直径二〇センチくらいの、金属製のボウルに水が八分目くらい張られ、中に白い布巾が入れられているもので、天ぷら鍋のすぐ前に置かれていたのだが、その正体は指を洗う容器だったのだ。

指先で天ぷらの種を摘まみ、衣を付けて油に入れ、花を咲かせる作業をすると、指先が衣と油とでドロドロになる。それを、布巾で擦《こす》ることできれいにしているのだ。これもまた、プロならではの周到さと言えるだろう。

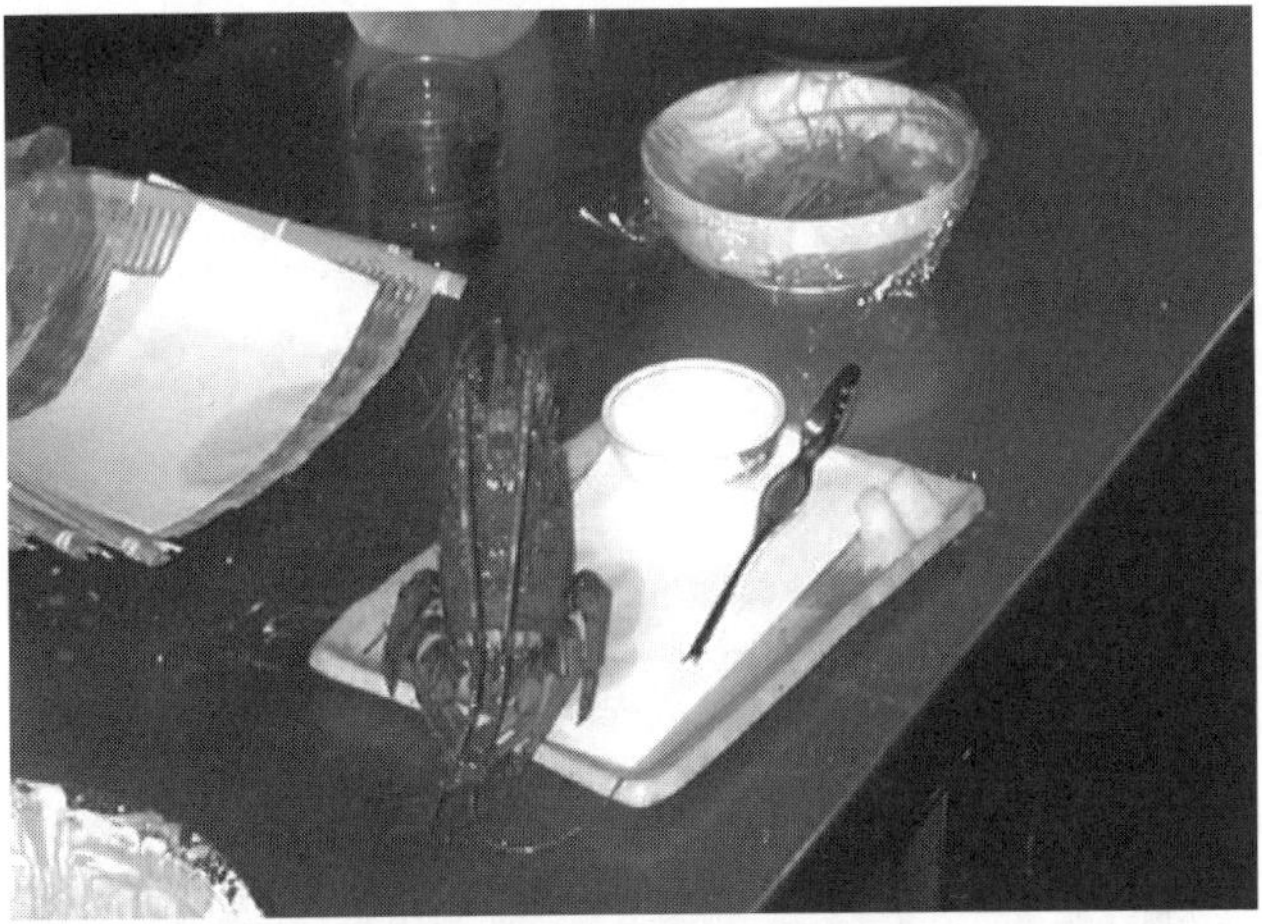

調理台に鎮座する伊勢海老

そば屋ならではの技術を見せる料理長の指

指先をきれいにすると、天ぷらを盛る籠《かご》を取って、調理台に置き、和紙を載せ、大根おろしを添える。

そこに、伊勢海老の頭を載せると、ちょうど身も揚がってくるので、身を盛り付け、野菜を添える。このタイミングが素晴らしい。

ちなみに揚げ油は、サラダ油が七に対して、大豆白絞油《しらしめゆ》が三の割合だとか。

料理長は、この間、天ぷらを揚げることに専念していたわけではない。天ぷら油に、種を入れたすぐ後には、フライパンをコンロに置いて火を点け、もう一つの注文の鴨肉を焼き始めていたのだ。

その間、師匠は何をしているかというと、そばを冷蔵庫から取り出し、二人前の量を量り、茹でる用意をしている。

鴨が焼けるのと、天ぷらが揚がるタイミングを待ち、その寸前にそばを釜に振り入れる。十割そばは、二八そばよりもなお茹で時間は早く、その日の気温や湿度によって微妙に異なるが、ほぼ二〇秒前後。

釜からざるに上げたそばは、すぐに流水で揉み洗いをしてぬめりを取り、次に冷水で身を引き締める。器に移して、カウンターに置くのと、天ぷらが盛り付けられるのとが、数秒の狂いもなく、見事に一致したのだ。

そば湯の秘密

一一時半を回ると、客も次々にやってくる。

そこで、ぼくはまたもや裏技を発見する。

というのも、こうだ。

ぼくの場合、自由業という、ある意味では恵まれた仕事のお陰で、時間に拘束されることがない。だから、たいていの日は、午前八時頃に起床して、二時間ほどかけて新聞を読み、書店や図書館を巡り、夕食の買い物をしてからブランチを食べて帰宅、午後一時から六時くらいが仕事の時間になる。

前にも書いたように、ブランチは、ほとんどが麺類で、頻度からすると、そば、うどん、中華麺、イタリアンパスタの順になる。

そば屋に入店するのも、開店早々になる。

開店早々の店に入り、そばを啜って出てくるときに、もっとも気になることは、そば湯が薄いことだ。

「仕方がないだろう、まだ数人前しか茹でていないのだから」

そんなふうに、店主に怒られるかもしれないので、苦情を口にしないことにしているが、良心的な店は、開店早々に入っても、ちゃんとした濃度のそば湯を出してくれるのだ。

おそらく、湯桶に入れたまだ薄いそば湯に、そば粉を軽く振って、濃度を出すのかと思っていたが、そうではなかった。

客に出す、そば湯を入れる湯桶とは別に、もう一つの湯桶をあらかじめ用意しておく。その湯桶にそば粉を入れて水を加えよく溶かして、〝濃縮そば湯〟を作っておくのだ。濃度は、店によってまちまちだろうが、『誇宇耶』では、ちょうど天ぷらを揚げるときの水溶き粉くらいだった。

その、〝濃縮そば湯〟を三分の一くらい、湯桶に注ぎ込み、釜の湯を足すことで、濃厚なそば湯が出来上がる。もちろん、そばを茹でれば茹でるほど、釜の中の湯は濃くなっていくので、〝濃縮そば湯〟の比率は、だんだんに少なくなっていく。

こんなところにも、一流店では、それなりの肌理《きめ》の細かいサービスが行き届いていることを、あらためて認識させられた。

しばらく、てんやわんやが続いて、店内が少し落ち着いてきたと思ったら、時計の針は午後三時を指していた。

朝九時から、厨房の片隅で、あるいは裏の準備室で、ほぼ六時間も立ちっぱなし。じっと師匠と料理長の仕事振りを眺めているなんて、これまでのぼくの人生でそうあったことではない。足はガクガク、腰はズキズキ……。

それに、翌十月に発売予定の最新のミステリー『山形・愛媛、慟哭の殺人ルート』（実業之日本社）の初校が、はるばる東伊豆町まで、宅配便で追いかけてきた。二、三日で目を通さなければならない。

修業の身でありながら、まったく初日からしょうがないやつだとお叱りを受けるだろうが、わがままを言って、三時に上がらせていただく。

コンビニに寄り、焼酎と、ミネラルウオーター、サンドイッチを買い、『糀屋旅館』に戻り、机の前に座り込む。

さて、初校に目を通そうとした瞬間に、なぜだかこんなことを思った。

二〇〇五年九月九日午前一一時一三分、東伊豆町稲取にある『誇宇耶』を訪ね、十割そば二枚、伊勢海老天と鴨焼きを食べたご夫婦連れ、縁があったらまたお会いしましょう。

《二日目》

そばの量は、店によってまちまち

今朝もまた、快晴だ。

『糀屋旅館』は、港の前の低い丘の上に建っていて、ぼくの滞在する二〇二号室は、丘の下の道路から見れば、三階と四階の中間ぐらいの高さになる。

東に向いて窓があり、眼下は稲取漁港で、目の高さには遥か相模湾が広がり、何の障害物もないから、朝起きて襖を開けカーテンを開けると、朝の日差しがガツーンと激しく目に迫ってくる。

今朝の朝食は、甘口の鮭、目玉焼き、冷奴、納豆、野菜の胡麻和《あ》え、味付け海苔、お新香、味噌汁、ご飯。

昨夜は、初校に目を通しながら焼酎を飲んだため、いつの間にか深酒をして、七二〇ミリリットルの瓶を、半分ほどにしてしまった。

東京ならば、朝食どころではなく、昼過ぎまで二日酔いで苦しい思いをしているのだが、まったく爽やかな気分で朝食が美味い。

取材などで、月に一度くらい東京を留守にするが、地方で飲む酒は、二日酔いにならないことに、一〇年くらい前から気づき始めた。

なぜかはっきりしないが、いちばんの要素は、空気がきれいで酸素が多いので、アルコールが活発に分解されるからだろう。

きのうと同様に午前九時に出勤すると、師匠はすでに打ち場で、そば打ちを始めていた。

「お早うございます。そば打ちを見せてもらえますか」

「はいどうぞ」

宿の目の前は漁港。未明にいっせいに出漁する

修業の疲れを癒してくれた温泉浴場

了解を得て、打ち場に入る。

師匠はいま、本のしの作業の最中だった。本のしというのは、平たくのした生地を麵棒を使って均等の厚さに伸ばす作業で、切りに移る前の最後の仕上げでもある。

「かなりの量ですね」

「これで、二・五キロになります」

「二・五キロ……。けっこう多いですね」

「ふつうは、そば粉とつなぎの小麦粉を合わせて、一・五キロ、あるいは二キロというところが多いようですが、うちは温泉地という場所柄、団体さんがどっと来ることもあり、ほかの店よりも、余分に仕込んでいます」

そう、『誇宇耶』のある東伊豆町の特性について、もう少し詳しく書いておこう。

東京方面から車で来ると、小田原厚木道路を経て神奈川県小田原市で海岸線に沿った、国道一三五号線に出る。左手に海岸線を眺めながら、真鶴町、湯河原町を過ぎ、熱海市から静岡県に入る。なおも南下して伊東市に入り、赤沢港を左手に見ると、すぐ先から東伊豆町になる。

東伊豆町は、温泉の町である。北から順に、二キロくらいを隔てて温泉街が点在している。まず大川温泉、続いて北川《ほっかわ》温泉、熱川温泉、片瀬温泉、白田《しらた》温泉、稲取温泉だ。

大川温泉から稲取温泉までの距離は、一〇キロ程度なので、車での所要時間は一〇分くらい。温泉旅館に着く前に、軽くそばでも手繰《たぐ》ってみるか、あるいは、夕食と朝食で、海の幸を堪能した帰り道に、ちょっとそばでもという向きには手頃だろう。

ちなみに『誇宇耶』では、せいろそば一人前の量は約二〇〇グラム、茹でる前の生《なま》そばで一五〇グラムとかなり多め。

「田舎では多めにしないと、お客さんが来てくれない」

師匠はそう言って笑う。

さてそばの量といえば、雑誌『自遊人』（二〇〇二年十一月号）で、全国の数ある名店で、一人前のせいろそばの量を量っている。

『本むら庵』（東京・荻窪）……一六三グラム（生一一〇グラム）、『吟八亭やざ和』（東京・亀有）……一六六グラム（生一二〇グラム）、『夢呆』（東京・学芸大学）……一五一グラム（生一〇〇グラム）、『鞍馬』（東京・荻窪）……一五四グラム（生一一〇グラム）、『車家』（東京・八王子）……一八〇グラム（生一四〇グラム）、『仲佐』（岐阜・下呂町）……一四七グラム（生八〇グラム）、『手打ち蕎麦　かね井』（京都・鞍馬口）……一九二グラム（生一三〇グラム）。

なお、この取材に対して、『竹やぶ』（千葉・柏市）と『藪蕎麦　宮本』（静岡・島田市）

は、計量を拒否しているが、それはひと括《くく》りに、量が多いところはサービス精神が旺盛とは決め付けられないからだ。

というのもまず、どこの産地のそばを使うかといった選択肢がある。

また、そば粉が、玄そばから石臼自家製粉なのか、途中の工程まで製粉会社に任せて、丸抜きから自家製粉なのか、石臼は電動なのか、それとも手挽きなのかという違いがある。

次に、そば粉一〇〇パーセントの生粉打ちか、二割のつなぎを加えた二八なのか、ほかの比率なのかによっても異なってくる。

また、山形や長野の多くの店のように、そばを一食と考えるか、はたまた江戸前の店のように、おやつ感覚、あるいは酒を飲んだ後の仕上げと考えるかによって、店主の量に対する感覚も異なってくるのだ。

念のために付け加えておくと、計量を拒否した『竹やぶ』『藪蕎麦　宮本』の二店舗は、ともに玄そばから石臼で手挽き自家製粉、つなぎなしの一〇〇パーセントの生粉打ちであるために、ほかの店と単純にそばの量で比較されたくなかったと推測されるのだ。

水の重要性

師匠は、二八そばを打ち終わると、今度は生粉打ちに移った。

「二八そばの場合、水はだいたい粉の四二パーセント。夏場と冬場は少しだけ異なり、夏場はやや少なめ、冬場は多めになる。初心者の場合、そば粉八〇〇グラム、小麦粉二〇〇グラム、水四二〇グラム。生粉打ちの場合は、水分は多めで、粉の四五パーセント。いまから打つのは、一・五キロの粉なので、六七五グラムの水になります」

師匠は、計量した一・五キロのそば粉を木鉢に入れる。次に金属製のボウルに入れた、定量の水を、全体の三分の二くらい注ぎ入れる。そして、指先でかき回して、粉と水とを馴染ませていく。

業界ではよく「一鉢、二のし、三包丁」と言われる。また「包丁三日、のし三月、こね三年」という表現もある。

「味の出来は、水回しでほとんど決まってしまいます。全体に均一に水が行き渡れば、そばの質も均一で、切れずにまとまりのいいそばになります。掌《てのひら》を使わずに、指先だけをセンサーのように働かせて、均等に水が同じように行き渡っているかを調べながら、水回しをします。忘れていましたが、うちでそば打ちに使う水は、すべて天城《あまぎ》深層水を使っています」

「天城深層水……」

「西伊豆町大沢里《おおそうり》という山の奥に湧き出している、地下一〇〇〇メートルからの無菌水です。今度、ご案内します」

少しだけ試飲させてもらうと、さらっとした喉越しで、雑臭がまったく感じられない。そば切りは、粉と水だけの繊細な食べ物なので、水の重要性は絶大なのだ。

さて師匠は、二分ほど水回しをして、残りの水を加えてもう一分ほど続け、粉が親指の先ぐらいの団子状になるのを確認してから、全体を寄せて一固まりにくくっていく。

次に、練りの作業に移る。

ほぼ球形になった生地を、やや右前方に、ぎゅっぎゅっと、掌で押してやる。すると生地は右に広がるので、それを手前に引き寄せて畳み込み、またぎゅっぎゅっと押す。

この作業を、二〇回くらい続けると、今度は玉の右上の部分を、右手の腹を使い、内側に折り込みながら、体重をかけて押しつぶすように練り込む。

織り込んだ部分は、花びらを一枚描いたような形となるので、その手前にも一枚、また一枚と円形に描いていくようにする。すると全体が、菊の花のような形になり、生地が滑らかになる。

「触ってみてください。生地が滑らかで、耳たぶよりやや柔らかめでしょう」

指先で触ってみると、確かに耳たぶよりも柔らかい。

「二八そばの場合は、ほぼ耳たぶの柔らかさですね」

「でも生粉打ちの場合、気持ち柔らかめにしておかないと、保存している間に水を吸って、固くなってしまうのです」

理論的に言えば、小麦粉よりもそば粉のほうが、吸水率が高いから、その分を計算してややや柔らかめに仕上げろということなのだ。

やがて、菊の形を上にして、円錐形にまとめていく。菊の花が細くなって、おへそのようになるので、これをへそ出しと呼んでいる。そして、円錐形を掌でつぶし、生地の中の空気を逃がしてやる、これもまた均一な厚さのそば生地にするための基本なのだ。

直径約三〇センチの、お供《そな》え餅のようになったら、それを掌で押しつぶすようにして伸ばしていく。直径五〇センチくらいの円盤状になったら、いよいよ麺棒の登場だ。

丸出しという作業で、円盤状の生地を麺棒でのして、どんどんと大きくしていく。

「このときに、生地の上を麺棒で転がすのではなく、軽く麺棒で押さえてやるという感覚が大切。そうすることで、切れにくくなるんです」

ある程度の円形に広がったところで、麺棒を円形の手前に寄せ、生地を麺棒にくるくると巻きつけていく。巻きつけたままで、麺棒を上方に回転させて圧迫し、手前に引き戻してまた上方に回転させるという作業を五度、繰り返す。

次に、生地を一八〇度回転させて、同じことを五回繰り返す。

そして、実際にはそんな確認はしないが、このときに巻きつけていた麺棒を解き、生地を広げると左右に開いた楕円形になっているはずだ。

円形の生地を巻きつけて、全体に圧力を加えたのだが、そのあたりは想像できるだろう。だから実際には、生地を巻きつけたまま、これまで横向きになっていた生地を巻いたままの麺棒を、九〇度移動させ、自分の左側に縦向きに置く。そこで麺棒を解いていくと、想像どおり上下に長い楕円形になっている。

次に麺棒を、横に置き、前と同じように生地を巻きつけ、麺棒を上方に回転させて圧迫し、手前に引き戻してまた上方に回転させるという作業を五度、繰り返す。

これもまた、一八〇度変えて、五回繰り返すことになる。

となると、結果はもうお分かりだろう。そのままで広げると、ほぼ正方形に近い菱形になっているはずなので、麺棒に四五度の角度を与え、ゆっくりと広げていき、正方形を確認する。

「きちんとした正方形になるのは、ともかく経験しかありません」

それを本のしと言われる、均一の厚さにしていく作業をしてから、畳んで切って、ひととおりの仕事は終わる。

「同じ太さに切るのも、ひたすら慣れと経験です」

腰と膝でリズムを作り、見事なまでに均一な太さのそばを切り揃えていく。その姿はまさに名人芸に見えるのだが、それは素人の目で、実際には、「一鉢、二のし、三包丁」のとおり、神経を使うのは、単純に見える水回しなのである。

一石二鳥の工夫

今朝は、師匠のそば打ちの観察に専念していたが、料理長と、和子さん、美奈さんは、当たり前のように出勤して、すべての段取りを整えていた。

そういえば、打ち場で師匠の動きを見守っていると、料理長が顔を出し「今朝は……?」「うどん」という短いやり取りがあった。

内容は、午前一一時少し前に明らかになった。

賄い料理が、かき揚げぶっかけうどんだったからだ。

タマネギ、ニンジン、ジャガイモ、ナス、明日葉《あしたば》、などの野菜がたっぷり入ったかき揚げを、冷たいうどんの上に載せて、汁をかけたのだ。麺マニアのぼくとしては、初日がラーメン、二日目がうどんときたから小躍りしたいくらいに嬉しい。

もちろんうどんもかき揚げもおいしいが、いちばんびっくりしたのは、付け添えられていたお新香の味だった。

キュウリ、ナスなどの、とくに珍しいものではないが、香りも味も爽やかなのだ。料理長に質問すると、素っ気ない答え。

「母堂が漬けた残り物」

「でも、爽やかな香りと味で……」

「細かく刻んで、ショウガや大葉を加えたからかな」

こんなさりげない芸こそ、プロの真骨頂《しんこっちょう》なのだ。

賄いを食べ終わった一一時半過ぎから、店内は急激に賑わい始めた。

土曜日のためだろう。朝食に、パンなどを軽く食べ、東京都内を九時前に出ると、稲取あたりに一一時半くらいに到着する。小腹が空いたところでそば……、これに異論はないはずだ。

「せいろ二枚、大せいろ二枚、磯おろし一枚」

「はい」

「そばがき、川えび唐揚、天せいろ二枚」

「はい」

二つ目は、厨房にいるぼくにも、理想的な注文に思える。そばがきと川えびの店揚で、ビールと日本酒を軽くやってから、天せいろで締める……。「おぬし、なかなかできるな」と、客席に行って誉《ほ》めたいくらいだ。

つまらないことを考えていると、さっそくに調理長が動いた。

まず、柄杓《ひしゃく》でそばを茹でる釜から湯を掬《すく》うと、出来上がりのそばがきを入れる小型の土鍋に入れる。と同時に、行平《ゆきひら》鍋にも湯を注ぐ。すぐに打ち場に行き、そば粉を一五〇グラムを量って持ってくる。

「分量は……？」

そう訊ねると、

「そば粉一五〇グラム、湯が二〇〇グラム」

太めの二本の箸を鷲掴みにすると、コンロに火を点けて、ひたすらかき回す。

「時間との勝負なので、休みなくかき回す。かき回し方はいろいろだけど、ぐるぐると渦を巻くようにかき回すのが、最も効率的で体力のロスが少ないね」

かき回すだけでなく、鍋の底を少しずつ動かして、熱が均一に回るように工夫しているのも分かる。

その時間、ほぼ一分。土鍋に移して、出来上がり。

次は川えびの唐揚だ。

まず冷蔵庫から、一人前の量の川えびを取り出すと、そのまま天ぷら鍋に入れる。ジャーッという激しい音がして、すぐにえびの香ばしさが厨房に漂う。

揚げている間に、盛り込む皿を調理台に載せ、そこに和紙を敷く。

一分もしないで川えびは揚がるが、その前に、大学ノートほどの大きさに切っておいた新聞紙を、棚から取り出した。そして、網で掬った川えびを、新聞紙の上に落とした。

何が始まるのかと、興味津々《しんしん》で眺めていると、川えびの上から塩を振り、新聞紙を持ち上げた。新聞紙は川えびの重さで、真ん中がくぼんでハンモックのような横長になり、横から見ると英語のUの字になっている。そのまま調理長は、五、六度、ゆらゆらと左右に揺らし、和紙に落として出来上がり。

「川えびをそのまま、和紙に落として、塩を振るのではダメで……?」

調理長が、笑顔を見せる。

「新聞紙なら経済的で、しかも和紙よりも油をよく吸ってくれるので、一石二鳥だね」

なるほどこれも、プロの裏技だった。

無駄のない動き

プロの技というのは、無駄がない。

たとえばぼくが物書きを志《こころざ》したとき、先輩作家はまず「きみの将来を考えて」と前置きして、次のような助言をした。

「原稿は、万年筆で書きなさい」

驚くような、単純なアドバイスだったが、これがひじょうに役立った。

それは一九七〇年頃で、当然のようにワープロもパソコンもなく、ボールペンも今のような精度のいい品は開発されていなくて、原稿を書くとなると、万年筆か鉛筆だった。

先輩作家の指摘には、二つの意味があった。

一つは、鉛筆で書くと消えやすいということ。当時の印刷の主流は、活版印刷といい、熟練の職人が、鉛の活字を拾っていくものだった。手で持った原稿は、その手の脂《あぶら》によって、鉛筆書きの文字は消えてしまう可能性があった。だから万年筆を使えということだ。

第二の理由も、万年筆が消えにくいというのが理由だが、その意味合いは、若干異なっていた。鉛筆で原稿を書くと、消しゴムで消してすぐに書き直せるという安心感がある。しかし万年筆で書くと、簡単には消せない。そのために、一文字、一文字を書くときの集中力が高まるのだ。

だからぼくは、ずっと万年筆で書いてきた。当時、大学卒の初任給ほどの値段がした、モンブランＮｏ・１４９は、三〇年ほど使った。ペン先を替えたり、キャップを割ったりして、新品を買うよりも高い修理代を払って使ってきた。あの一本で、ざっと計算してみると、四〇〇字詰め原稿用紙を一八万枚、積み重ねると約一八メートルほどの高さになる原稿を書いてきたのだ。

先輩のアドバイスは、いつも貴重だ。書いては消し、消しては書くの繰り返しをするよりも、頭の中で文章を練り、書くときは一度という習慣をつけたことは、まさに一期一会《いちごいちえ》の心構えに似ていると思う。

無駄な動きがないだけでなく、プロの動きには理論的な背景がある。

料理長はいま、天ぷらを揚げているが、注文を受けてからまずすることは、注文数の材料を揃えること。

粉を付け、衣を付け、油に入れ、花を咲かせると、まず最初に行なうのが、揚げ玉を掬い取ることだ。これだけは、どんなときにも忘れない。

やがて、天ぷらの盛り籠に和紙を敷き、天ぷらをバットに取ると、盛り付ける前に、また揚げ玉を掬う。それから、盛り付けるのだ。

揚げ玉を丹念に掬い取ることには、重要な意味がある。

揚げ玉を焦がしてしまうと、天ぷらに付着して汚してしまうこともあるが、何よりも油が傷み、劣化を早めてしまうのだ。

その背後で、そばを茹でている師匠の動きも、流れるように見事だ。

まず、注文数のそばを、秤《はかり》にかけ、板の上に載せると、釜に振り落とし、時計の秒針に視線を向ける。

何秒後に掬い上げればいいかの計算をしてからすぐに、長い菜箸でそばをかき回す。

そして、茹で上がる五秒前にステンレス製の、直径が五〇センチほどもあるざるを釜に入れ、そばを寄せ集めると一気に掬い上げて、流水を流しているたらいに浸《ひた》した、同じくらいの大きさのプラスチック製のざるに移した。

一〇秒ほど、指先でよく揉むようにして、表面のぬめりを取る。それをもう一度、右手にある、今度は冷水の中で揉み洗いして、せいろに盛り込む。

完成させると、真っ先に行なうのが、釜の中に残っているかもしれないそばの確認だ。大きなステンレス製のざるを、もう一度、釜に入れて、丹念にかき回して掬い上げる。

千切れたそばが一本、出てきた。

これをそのままにして、次の注文を受けると、この一本が紛《まぎ》れ込み、ふにゃっとした一本のお陰で、お客さんが不機嫌になることもあるのだ。

ゴルフをやる人はご存じだろうが、アマチュアのスイングはひじょうに個性的だが、プロのスイングはほとんど変わらない。

その理由は、無駄がないからだ。

テイクバックしてから、インパクト、フォロースルーまでの無駄を省くとどうなるか。

一点と一点とを、最短で結ぶのには、一本の直線になる。くにゃくにゃと曲がってはいけない。

それと同様に、最短の距離で、しかも大きなスイングを心掛ければ、同じ形に帰結するのだ。

年に一度のコンサート

お客さんは、午後三時過ぎに切れてから、その後はほとんど姿を見せない。

商売というのは、〝商い〟で、これは〝飽きない〟に通じると、先人からの教えにある。焦っても、苛立っても、気を抜いてもいけない。つねに自然体で、そのときの運命に逆らわずに生きていくのがいちばんなのだ。

それにこの日は、年に一度の稲取のコンサート。今年は『潮風こんさーと』と題して、稲取の青年会『去来の会』主催で、〝島歌&ボサノバ…自然へのメッセージ〟が、夕刻から稲取志津摩《しづま》海岸の特設ステージで行なわれるのだ。

「準備の様子を、見に行きましょう」

師匠に誘われて、海岸に向かう。

稲取には何度か来ているが、取材かゴルフなので、ゆっくりと海岸線を歩いたこともなけ

誇宇耶より伊豆の海・下田方面を眺む

れば、趣味の磯釣りをする機会もなかった。もっとも磯釣りは、年老いてからいつでもできるから、とっておいているのだけれど……。

志津摩海岸は、初めてだったが、美しい海岸線が下田方面に向かってなだらかに伸びている。目の前が岩場になっていて、足場はあまりよくないが、けっこう根魚がたくさん棲息していそうで、格好の釣り場だ。

地元の山田家の十代目という師匠は、当たり前のようだけれどほとんどの住民と顔見知りで、車の運転をしながらも、歩いているときも、のべつ頭を下げて、挨拶のしどおしだ。

海岸線に沿って、青年会が屋台を出す準備をしているが、師匠はその一人一人に挨拶をしている。都会から地方に移り住んだ人たちの感想は、誰でも共通していて、その土地の風習に慣れ、その土地のやり方に合わせ、人と上手く接することが肝心だと言う。

欧米人に聞くと、最も大切なのは家族とほとんどが答える。しかし、日本人はそうではなくて、最も大切なのは村の和だと答える。

米作社会では、村人が協力して田植えをして、村人が協力して稲刈りをする。村の風習に慣れなかったら〝村八分〟になってしまうのだ。

ぼくのような、東京で生まれ、東京で生きてきた人間とは大きな違いだ。だって、五八年間、同じ場所で生きてきたが、〝向こう三軒両隣〟のご主人の職業も、奥さんの名前も、子供の名前も知らない。

故郷がないのは、日本人として寂しいだけではなくて、日本人としてどこか欠落しているように思うことがある。

師匠の背中を眺めながら、この町に修業に来たことで、そば以外の何かも摑むこともできたと、感謝の気持ちがこみ上げてきた。

この日は、コンサートの準備もあり、師匠の決断で、午後五時に閉店した。

《三日目》

考えるよりまず動く

この日も快晴で、青い空が広がっていた。

朝食の献立は……と食卓に目を向けると、二日間、必ずあった味付け海苔が消えていた。というのも、二日間とも手をつけなかったからで、女将が気を利かせて、海苔ではない一品を添えてくれたのだ。

女将、ありがとう。でも海苔が嫌いなのではなくて、朝からビニールの袋を破り、小皿に醤油を落とし、それを海苔につけてご飯を巻いて食べるのが煩《わずら》わしいからなんです。

九時に出勤すると、師匠はきょうも、打ち場に入ってそばを打っていた。

ぼくは、準備室で着替えると、厨房に入る。

「お早うございます」

「はい、きょうもよろしく」

料理長は、例の薬味入れの、発泡スチロール製の冷蔵庫をチェックしてから、足りない素材を用意して、切り揃え始めた。

「ちょっとお聞きしたいのですが……」

「何かな……」

「これまでの修業経歴を、聞かせてもらえますか」

「ああ、いいですよ」

料理長の土屋謙一は、下田市の出身で、最初から料理人を目指していた。中学を卒業すると「料理人になるためには、魚を覚えるのがいいだろう」と考え、鮮魚店で二年間働く。

その後、東京の渋谷にある『かに谷』、千葉県市川市の料理店『双葉本店』などで修業を積み、稲取温泉の『たいげん旅館』に移った。

しかし、同旅館が廃業したため、『誇宇耶』開店と同時に、料理長として参加。現在は、妻・さつき、長女・綾乃と三人暮らし。

やがて、ホールの二人も出勤してきたため、家族構成を質問。梅原和子さんは、主人・正也、長男・直也、長女・彩花の四人家族。市川美奈さんは、主人・謙一と、あとは三人娘で、上から、智恵、亜希、小百合だ。

さて料理長はいつものように、朝の仕込みのときは、身体を休めることなく働いている。薬味の仕込みが終わると、冷凍庫から鶏肉を出してきて、流水に当てて、解凍を始める。三日目で、少しは慣れてきたぼくは、確か店のメニューに、鶏肉を使う料理はなかったことを思い出して、確認する。確かにないとなると、この鶏肉はご飯ものに添えられる小鉢の材料か、賄いになるのだろうと推測できるのだ。

さて料理長、和子さんから薬味のネギを切る機械の調子が悪いと聞くと、さっそくにネギを洗い、包丁で切り始めた。

ぼくなどの素人は、まず機械の様子を見て、直せるものかどうか考える。しかしプロの発想は違う。そんなことをしている間に時間が経過して、薬味が間に合わなくなることを懸念して、ともかく切り始めるのだ。

頭で考えるよりも、まず行動すること。小利口な人間は、だから使えないと、どこからか聞こえてくるような気がした。

そのネギの切り方も、プロは一味も二味も違う。

まず、水をいっぱいに満たしてから、チョロチョロとした流れにして、切ったネギを次々とざるに移していく。こうすることで、ネギのぬめりを流していくのだ。

切り終わったら、まずまな板と包丁を洗って片付ける。

ざるに入ったネギを、振り洗いしてからカウンターに運び、あとはホールの和子さんと美奈さんが、タオルで水気を切り、小皿に移すのに任せるのだ。

腰が悲鳴を上げた

「どうですか、きょうあたりから、そば打ちを始めてみませんか」

師匠に促されて、「お願いします」と返事をする。

くどいようだが一言だけ言わせてもらえば、ぼくはまったくの素人ではない。『今日からはじめるそば打ち』（ネコ・パブリッシング）というムックを上梓している。

この本では、実際にぼくが打つことはなかったが、『狭山翁《さやま》』の小川誠二に取材して、撮影にも立会い、そば打ちの段取りを二回も見せていただいた。

そのときに、ある程度の理論も吸収させてもらった。

だから、そこそこには打てるだろうという自負があったが、それは思い上がりに過ぎなかったことを、ここで痛いくらいに自覚させられることになるのだ。

まず、冷蔵庫に入っている、天城深層水をコップに一杯飲み干してから、深呼吸をして打ち場に入る。

「そば粉を八〇〇グラム、小麦粉を二〇〇グラム、水は四二〇グラムです」

師匠の言葉にうなずき、粉と水をボウルで量る。

粉はそのまま木鉢に移し、水は約三分の二ほどを注ぎ込む。

「水回しのコツは、指先を使い、満遍《まんべん》なく粉に水を行き渡らせることです。水回しの段階では掌は使いません」

「はい、指先ですね」

木鉢の位置は、最も高い部分が、ぼくのへその辺りになる。

だから水回しの仕事は、全身を軽く、くの字に曲げた中腰で行なうことになる。

身体を腰で支えて、指先で攪拌《かくはん》していくことになる。

これも時間との勝負で、あまりのんびりと時間を掛けて行なうと、水分が蒸発してしまうので注意が必要なのだ。

「左右の手で、大きくそしてやや小さく、ハートを描くようにして動かしていきます」

指先に神経を集中させ、粉っぽい部分を探り当て、そこに水分を多く含んだ、大きめの玉を持っていって、水分を吸わせてやるのだ。

そうしているうちに、全体に水分が行き渡ると、一つずつの玉の大きさが平均化していく。

「指に付いた粉も、分量の内なのできちんと落として、木鉢に戻してください。ここでようやく掌を使ってかき回してまとめていきます」

言われたとおり、木鉢に戻し、なおもスピードを上げて混ぜていくと、全体が親指の先くらいの大きさにまとまってくる。

「だいたい、そんな加減でしょう。握ってみて、しっとりとして、耳たぶくらいの固さになればいいでしょう」

掌で握ってみると、ふわっとして柔らかいので、ここからくくりに移る。

小さな固まりを、大きな固まりにくっつけて、それを摑むようにしてまとめていく。

固まりができてきたら、木鉢に押し付けるようにして形を整える。

昔の諺に「非力な板前は水回しに時間を掛け、大力者はくくりで間に合わす」というのがあるとか。非力な板前は水回しをきちんとやるから、おいしいそばが出来上がるというわけだが、となるとぼくの打ったそばは美味い……?

そこまではまだまだ、まずは基本的な技術の問題だと、陰の声が聞こえてきたようなので、いよいよ練りに移ることにする。

くくりをした状態で、生地は方錐状になっている。そこで、中央の固まりの部分を両手で摑み、手前に引き寄せ、そこに体重を掛け掌で押しつぶす。

すると横に生地が伸びるので、また中央の固まりの部分を両手で摑み、手前に引き寄せ、体重をかけて押しつぶす。

「だいたいの目安として、三〇回前後繰り返せば、そば粉が滑らかになってきます。そこで菊練りに移ります」

五回、一〇回と切り返すごとに、腰がギシギシと悲鳴を上げ始める。

〈水回し〉
そばの味は加水量とこの水回しで決まってしまうという大切な工程だ。

〈くくり〉から〈練り〉へ
力加減が分からず腰が悲鳴を上げる。木鉢がだんだん磨いたようにピカピカになってくる。

年間に一〇回ほどのゴルフ以外には、ほとんど運動らしいことをしないで、毎日五、六時間は机の前に座りっぱなしの生活で、腰の周辺の筋肉は、完璧に衰弱しているのだろう。まして、中腰でする作業など、ここ数十年も体験した記憶がないのだ。

菊練りは、玉の右上の部分を、右手の腹を使い、内側に折り込みながら体重を掛けて押しつぶすようにする作業だ。木鉢に押し付けるような状態で、少しだけ、同じように内側に折り込みながら体重を掛けて押しつぶすようにする。

これを何度も続けていくと、菊を模様にした和菓子のように、お供え餅のような形をした玉の上部に、菊の模様が浮かび上がってくるのだ。

しかし、これが初心者にはかなり難しい。きれいに揃った菊の花弁ではなく、一部分が枯れ落ちてしまった菊のような、無残な形になってしまった。

「これだけは、完全に経験で覚えるしかありません」

少しは小器用だという自負のあったぼくでも、まったく白旗状態だった。

それでも、味にはさして影響しないという、ありがたい師匠の励ましがあり、その後のへそ出しの作業に進ませてもらう。

お供え餅状態の玉を、上方に向かって絞り上げていくと、菊の模様が小さくなり、だんだんに円錐状になっていく。

なおも木鉢の縁の角度を利用して、横向きにして転がしていくと、先端がとがった円錐形になる。

そのとがった部分に掌を当て、そっと重心を掛けてつぶしていく。このときに、優しく扱わないと、変形することもあるので、細心の注意を払う。

「菊練りから、へそ出し、そして円盤状にする工程は、かなり神経を使い、経験を要しますが、この工程の目的はどこにあるのでしょう」

「生地に入っている空気を抜き、のしの作業をスムーズに進めるためです」

「空気を抜くわけですか」

理論が分かれば、〝鬼に金棒〟で、工程そのものは覚えることができたが、身体で覚えるためには、まだ時間が掛かりそうだ。

作業の理論をイメージする

「木鉢での作業はここまでなので、まず生地が乾燥しないように濡れタオルで覆いをしてから、きちんと手を洗ってください」

「はい、手を洗います」

手をしっかり洗ってくると、師匠の指導が続く。

「まず、のし台に、たっぷりの打ち粉を振ってください。そこに生地を置き、生地の上にも打ち粉を振ってください」

言われたように、打ち粉を振って生地を置き、その上にも打ち粉を振る。

「ここからは、そばに風邪をひかせないように、注意するのが肝要です」

「風邪をひかせない……？」

「乾燥させてしまうと、そばの風味を落とすだけでなく、生地が破れたり、上手く切れなかったりするのです」

「あまりのんびりと、作業をするなということですね」

「細心でありながら大胆、この精神はいろいろな作業で言われることですね」

「そのとおり。ゴルフでも、車の運転でも、マージャンでも、囲碁でも、仕事でも、そして恋でも……」

妙な納得の仕方をしてから、ぼくは師匠のきのうのやり方を真似してみる。

右手の腹を使い、円盤状の生地に体重を掛けて、のしていく。

「右上の、時計の針でいう二時から、左下の八時まで、一八〇度をのしていき、右手が八時

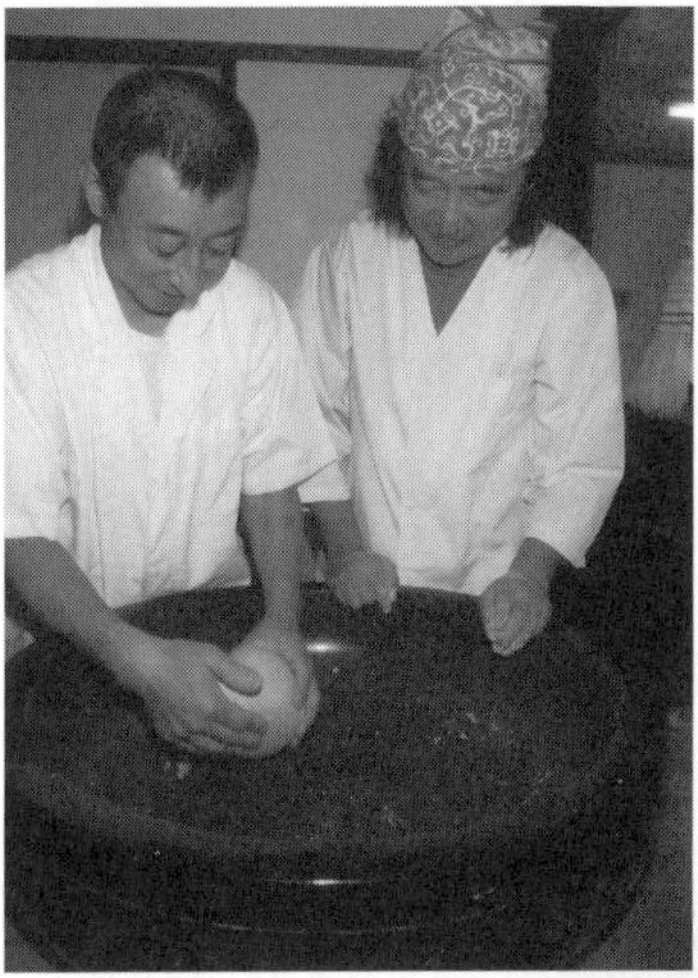

〈菊練り〉から〈へそ出し〉へ
見かねた師匠が手を貸してくれる。手先に
自信があったぼくもまさにお手上げ状態。

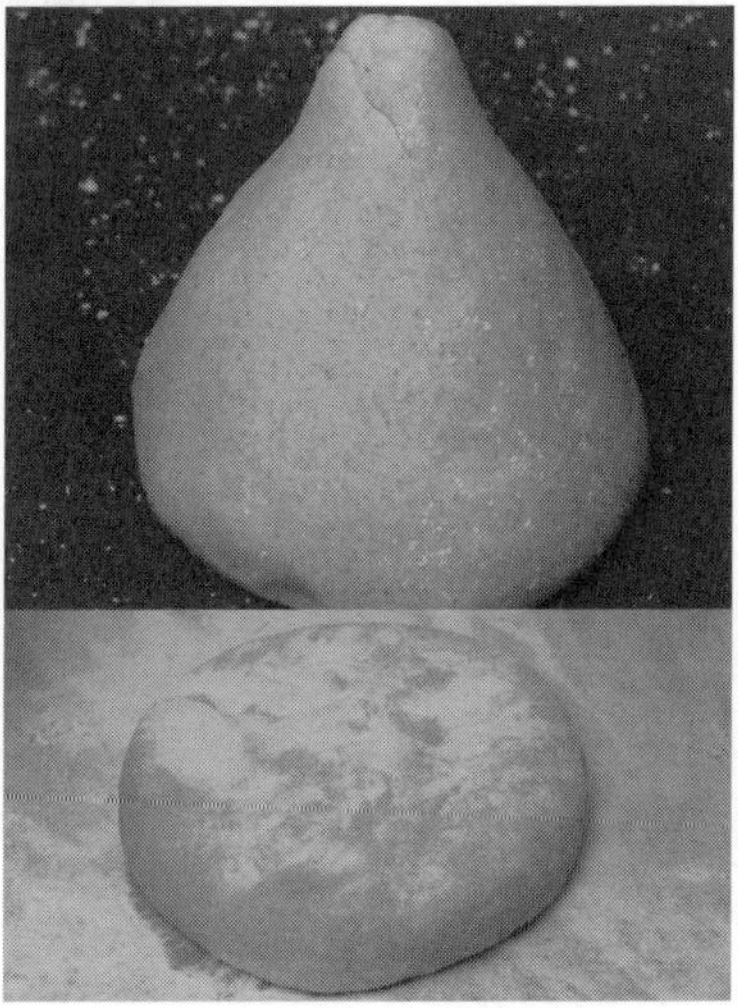

〈へそ出し〉（上）から円盤状に
打ち粉をたっぷり振って、いよいよこ
れから〈のし〉に移る。

にきたら、左手で生地を時計回りに回してやり、また二時から八時です」

「二八そばだから、二時から八時と、覚えればいいわけですね。もっとも生粉打ちでも同じことですが……。このときに師匠は、円盤の真ん中に生地を少し残していましたね」

「平均的に生地が回り、まん丸になればいいのですが、そうならなかった場合に、真ん中の肉を寄せて、円形にしていきます」

繰り返して地のしをすることで、直径がほぼ四〇センチくらいの円形になった。

ここからは、麵棒を使った、そば打ちのハイライトとも言える作業に移ることになる。

最初の丸出しは、〝丸々出してしまう〟の意味ではなく〝丸く出す〟の意味なので間違わないように。まあ、誰も間違わないか……。

「今度は、二八そばでも、二時から一〇時になります」

「地のしから、二時間過ぎて一〇時と覚えます」

麵棒を、一二時方向に往復させてから、一時方向、二時方向、次に、一〇時、一一時、一二時方向と往復させ、生地を時計回りに回して同じような動きを繰り返すのだ。

「きのうも言ったかもしれませんが、麵棒は転がすのではなく、下に押し付ける感覚で力を入れてください」

しばらくすると、直径が六〇センチくらいの円形になるので、ここで丸出しを終了。

〈丸出し〉
生地を時計回りに回転させてのす。
麺棒は転がすのではなく、下に押しつける感覚で。

〈四つ出し〉から〈本のし〉へ
そばの形はこれで決まる。
気合をこめて正方形を目指すが……。

「次の四つ出しで、いい形のそばになるかが決まります」

「味とか風味は、水回しで決まり、形は四つ出しで決まるわけですね」

気合を込めて麵棒を握る。もっとも気合だけで、いい形のそばになるわけではないが……。

「まず、生地に軽く打ち粉を振ってください」

この打ち粉を振るタイミングが、まだ摑めていない。

全体にたっぷりの打ち粉を振ると、生地の手前から二〇センチくらいの部分に麵棒を巻きつけ、手前に転がして生地の端を合わせる。

そしてくるくると奥に巻きつけていくと、麵棒を生地が包むような格好になる。

その生地を、手前に引き寄せ、くるくると奥に回転させながら圧迫することで、生地を伸ばしていくのだ。

奥に寄せたら、のし台の上をスーッと滑らせて手前に引き寄せ、もう一度、奥に転がす。

「一回、二回、三回、四回、それでいいでしょう。今度は一八〇度回転させ、上下を入れ替え同じ作業を四回します」

四回を終えると、麵棒を九〇度回転させる。つまりこれまで、自分の身体に対して平行だった麵棒を、縦にするのだ。

そして、べろになった部分を右端に残し、左方向に麵棒を転がすと、生地がのし台に姿を見せる。

その姿が、ラグビーボールや、レモンのように、横長になって現われれば、まずまずの合格だ。

続いて今度は、麺棒を、生地の手前から巻きつけて、前の工程と同じように四回転がし、一八〇度回転させて、同じように四回繰り返す。

なぜ四つ出しでは、同じ作業を、上下を替えて、次には九〇度変えて行なうのか。そのイメージを追ってみると、そば打ちの理論を明快に脳裏に描くことができ、上達も早いことを、このときにふっと思った。

そして今度は、麺棒を斜め四五度に傾けて、生地を広げてみよう。

「やりました、ほぼ正方形に近い状態です」

もちろんこの工程では、どんな名人でも、完璧な正方形になるわけがなく、角は丸くなっていて当然なのだ。

初めてにしては上出来

四つ出しを終えた生地は、辺の部分がやや厚くなっている。この部分を移動させて、均一な厚さにするのを肉分けと言い、なおも正方形に近い形にすることを総称して本のしと呼んでいる。

全体の厚みを把握しながら、どの肉をどこへ持っていくかの見当を付け、スムーズに行なうことが大切だ。

麺棒に、生地の半分を巻きつけて手前に置き、上半分をのしていく。

それを、上下を替えて行なう。

ただし、麺棒を摑む指先がぶれて、爪先で生地を引っ掻き、少しだけ破いてしまった。

なかなか、思うようにはいかない。

「指先で触れてみて、厚さが均等のように感じたら、いよいよ切りが目の前です」

念のために、指先で生地に触れてみるが、均等かどうかの感覚がはっきりしないのは、これもまだ修業が足りない証拠なのだろう。

初心者なので、このくらいで妥協して、まず生地を畳む。

ほぼ正方形の生地の、右の辺を麺棒に巻きつけ、左に寄せて重ねると、縦長の長方形になる。

その上辺を持って、上から下に重ねると、全体の生地の四分の一の大きさの正方形になる。

今度はその下辺を持って、上に重ねると、生地は八枚重ねの横長の長方形になる。

まず、まな板を、のし台の上に置き、打ち粉をたっぷり振る。

1年に200日は包丁を握っているぼくだが、勝手が違う

その上に、生地を置き、生地の上にもたっぷりの打ち粉を振る。

そばを正確に切るための、定規的な役割をする、桐《きり》製のこま板を生地の上に載せる。

「包丁は、少し斜め前に押し出すようにします。そして、切ったら次に、包丁を持った右手の手首を返すようにして包丁を傾け、こま板を左に送ってやります。送った分だけが、次に切るそばの厚さになるわけです」

料理が趣味のぼくは、平均して一年に二〇〇日は、包丁を握っている。

多少の自信はあったものの、現実には、野菜や魚を切るのとは異なり、思ったとおりにはいかない。

包丁は重いし、八重のそばを切るには、かなり力が要るのだ。

江戸前のそばの基本の太さは、平均的に一・三ミリとなっている。専門用語では、〝切りべら二三本〟といい、一寸(三・〇三センチ)幅の生地を、二三本に切ることだが、とてもではないけどそんな理想には程遠い。

初仕事で出来上がったのは、全体に太めで、その中でも太いのは稲庭《いなにわ》うどん、細いのはソーメンという、ばらばら状態であった。

「初めてにしては、上出来です」

無理したような師匠の言葉でも、なぜか耳に心地よかったのだった。

太いのもまた愛嬌?

「さて、自分で打ったそばですから、自分で茹でてみてください」

師匠は、ぼくの打ったそばを、五秒ほど眺めてから「茹で時間は、五五秒」と断定してくれた。

時刻は午前一〇時四三分だ。

「みんなで、味見しましょう」

つまりぼくの打ったそばが、晴れの賄い料理にされるのだ。

きょうは、合計で六名なので、一五〇グラム×六で九〇〇グラムだが、初心者にしてはあまりにも多い量なので、半分の四五〇グラムずつ、二回に分けて茹でることにする。

そばを秤に載せ四五〇グラムを量り、釜の前に立つ。

「その釜は、そばを茹でるために開発された、最新の六〇リットルの釜です。湯が、対流するように作られているので、その流れに乗せてあげてください」

まさに、大人一人くらいなら、入浴できそうな大きな釜の中の湯は、ゆっくりと斜めに流れている。

しかし、その対流に乗せろと、師匠は簡単に言うが、そのようにぼくの身体が動くかが心配だ。

ともかく、分量のそばを落として、師匠がやっていたのと同じように、時計の秒針を見る。

「いま、一〇時四九分一三秒だから、五〇秒後の、五〇分〇三秒にざるを入れてそばを寄せ集め、〇八秒に引き上げる」

口に出して確認してから、長い菜箸を手にして湯をかき混ぜる。

「はい、ざるを入れて、一、二、三で上げます」

金属製のざるで掬い、流水を張った桶に浸したプラスチック製のざるに移そうとして、四、五本のそばを、流しに落としてしまった。

でも、どうにか慌てずに水で揉み洗いをして、次に冷水に移してすすぎ、ざるに盛って出来上がりだ。

ぼくがそばを打っているときに、試食のことも考えていたのか、料理長は、鴨汁ならぬ鶏汁を作ってくれていた。

鶏肉をはじめ、オクラ、タマネギ、ニンジン、カボチャなど具《ぐ》沢山の汁に付けて、まさにぼくの処女作をいただく。

「……？」

師匠の顔を覗きこむと、「太さがまちまちなのは、経験で補えるし、このくらいの太さで出している店もある。ただし、茹でるときにどさっと入れないで、ぱらぱらとそばを泳がせるように入れると、全体の茹で加減が均一になります」とのこと。

そうか、回遊魚のイワシやアジのように、同じ方向に泳がしてやれば、同じ大きさ、同じグレードのそばに仕上がるわけだ。

料理長は、「もう少し時間を掛けて揉み洗いをすれば、粉っぽさが消えるはずです」と、これも適切なアドバイスだった。

賄いとして、いつものように客席の陰で味わっている和子さんと美奈さんにお伺いを立てに行く。

「すいません、こんな太いおそばを食べさせてしまって」

対流している釜の湯にそばを落とす。

水で洗ったそばをざるに盛る。

処女作にしては上出来？

「いいえ、鶏肉のだしで、つけ汁が濃厚になっているため、太いおそばのほうが合うような気がします。二人で、そんな話をしていました」

ありがとう。東伊豆町の女性は、可愛いだけでなくて、気立ても優しいようです。

片付けの段取りも必修

この日は、日曜日とあって、午前一一時の開店から二〇分ほど過ぎると、店はかなりの賑わいを見せてきた。

しかし、それを予測していたように、全員の動きに乱れもなければ、狂いもない。きょうまでの三日間で、とくに感心させられたのは、次を読んでの身体の動きだ。合言葉は「用意周到」「準備万端」とでも言おうか、いつ団体客が押しかけようが、間違いない対応はできますという方向で、全員が一致しているのだ。

お客さんが食べ終えた食器は、少しでも手が空いたらすぐに洗い、汚れた台拭きやタオルが溜まると、すぐに洗濯機に掛けて洗ってから干す、お盆を拭き、冷たいそば茶が足りなそうになるとすぐに足す……。

ほとんどの場合、飲食店に来る客は、空腹で来るのだ。従業員の仕込みの不手際で、食べたい物が食べられない、出てくるまで時間が掛かりすぎる、ほかの客との順番が前後する、こういったことは絶対に避けなければならない。

そういったことが原因で、失ってしまった客は二度と戻ってこない。それどころか、悪い評判が立ち、来ようという客の足まで引っ張りかねない。

これは、飲食店としての最低にして最大の心構えということを、あらためて痛感させられたのだ。

午後〇時半、一二人の団体客も押し寄せて、店はてんやわんやの忙しさ。

「モロキュウ、いか一夜干し、せいろ二枚」

「大せいろ二枚、鴨汁せいろ、天せいろ二枚、ひみこ」

モロキュウや、いかの一夜干しで、一杯飲んで、せいろで締める、上戸《じょうご》のお客さんがいると思えば、次は、鴨汁せいろや、天せいろの、種物の好きな団体さんだ。

見ていると、モロキュウがまたすごい。冷蔵庫から出したキュウリは、当然のように、師匠の尊父が有機農法で育てたもので、長さは三〇センチくらいで、まさにへちま級。それを、横二つに切り、縦に四等分して、味噌を添えて出して何と二〇〇円。

いかの一夜干しは、網を取り出して、さっと焼いて、食べやすい大きさに切り揃えて、皿に盛って出来上がり。

鴨汁せいろの鴨汁は、注文を受けると、まず三つ葉をひと摘まみ、柚子の皮を小指の爪くらいの大きさに剝き、細かく刻んでつけ汁の器に入れておく。

汁を鍋に入れ、火に掛けてからネギを入れる。沸騰する寸前に火を弱め、鴨肉を入れ、中火で軽く煮て出来上がり。

「あまり火を通しすぎると、鴨肉はすぐ固くなる」

とは、料理長のアドバイスだ。

天せいろ用の天ぷらを揚げると、ひみこだ。

このひみこは、師匠のちょっとしたいたずら心で考えられた料理で、メニューには「ひみこ（美人のみ）」と書かれている。

世間で言うところの、おかめそばのことだが、厳密に言うとおかめそばは、おめでたいときに出されるもので、松茸と、島田《しまだ》湯葉が縁起物として必ず載っていた。松茸は男性のシンボルで、島田髷《まげ》をイメージする島田湯葉は女性のシンボルだった。

ところが、明治期になると松茸などは高くて使えなくなり、何となく具《ぐ》沢山のそばをおかめと呼ぶようになってきたのだ。

それをちょっと変えたひみこは、冷たいそばを丼に盛り、えび天、キュウリ、ワカメ、茹でえび、茹で玉子、岩海苔を載せて冷たい汁をかけたもので、温かいのもある。

混雑してくると、洗い物がどんどんできる。師匠も料理長も、少しでも手が空くと洗い場に立って、せっせと洗う。

この日は、めまぐるしいような忙しさが、午後二時くらいまで続き、あとはぽつぽつとお客さんを迎え、午後八時の閉店を前に、午後七時から厨房の片付けが始まった。

この片付けも、たいへんに参考になる。

店は八時までの営業なので、客はいつ入ってきて料理を注文するか分からない。だから、注文に対応するための、最低限の準備はしたままで片付けに入るのだ。釜の湯は落とさず、天ぷら鍋も、種火は点けたままで、薬味なども用意はしておく。

そんな状態で、片付けを始めた、料理長の段取りをまず追っていこう。

▽水道のホースを右手に持ち、ステンレスの冷蔵庫、調理台などを水で流していく。冷蔵庫の取っ手、電子レンジのスイッチ、ステンレスの収納庫の引き出しなど、手で触れた部分は、洗剤で流して布巾で拭いていく。
▽ガラスケースのガラスを、洗剤で洗っていく。
▽ガスレンジや、調理台の角などの細かい部分の汚れを、簓《ささら》で擦って洗っていく。
▽洗剤を床に撒き、デッキブラシで磨いていく。
▽この日に使った包丁を、奥の準備室に持っていき、流し場でよく洗い、よく研いで、包丁

差しに収める。
▽流し場をよく洗い、厨房に戻ってくる。
▽薬味の入っていた、発泡スチロールの簡易冷蔵庫から、薬味類を取り出し冷蔵庫に入れる。保冷剤の敷かれた発泡スチロールの箱に、水を流し入れ、冷凍庫に納める。翌朝までに水が凍って、天然の氷の冷蔵庫が出来上がっているというわけだ。
▽八時を前にして、客が来ないことを確認すると、天ぷら油の火を落として、片付けは終了する。

次に、師匠の片付けの段取りを目で追っていく。
▽まず、片付けている間に、不意に客が来たときのため、釜に入った茹で湯を、やや大きめの鍋にとっておく。
▽大釜に、水道の水を入れて、湯をぬるくする。
▽湯が、手を入れても火傷しないくらいのぬるさになったところで、大きめのボウルを使って、湯を掻きだす。
▽釜の内部と外部をタワシと簓で洗う。
▽そば湯を汲《く》むための、柄杓をよく洗う。

▽茹でたそばを取り出すための、ステンレス製のざるを洗う。
▽湯を掻きだすために使った、大きめのボウルを洗う。
▽ざるを消毒する。
▽ほぼ同じことを、一回り小さな、うどんを茹でるための釜でも行なう。しかし、うどんの場合はざるで上げるのではなく、釣りのときに魚を追い込むたも網のような網で掬うため、その網を洗って干しておく。
▽最後に、二つの釜に水を入れて終わる。

「釜に水を入れておくのは、あしたの朝の段取りが、うまく進むようにですか」

「その意味もあるけど、水道水のカルキ臭を抜いておくためです。二、三日の休みなら、釜を休ませるために水を抜きます。長い間の休みになると、今度は釜を乾燥させないように、水を入れておくのです」

　水を入れておくか抜いておくかについてまで、それなりの理由があるわけだ。その上で、片付けの段取りも、その店の親方や、店主などによって異なってくるのだろう。

　料理人の修業というのは、ただ料理を作るだけでなく、片付けの段取りなどの、すべてを含めての修業なのだ。

厳しい親方の下で修業すれば、片付けの方法も細かく教えられるだろうし、鷹揚《おうよう》な親方ならば、片付けもほどほどで済ませていいかもしれない。

「『○○』で修業しました」というのは、料理の腕だけでなく、店の親方の料理哲学、人生観までも吸収しているという意味なのだ。

いや、料理人の世界もまた、奥が深い。

《四日目》

二度目も、まだまだの出来だ

あまり健啖家でないぼくは、日常の夕飯は、刺身類に、焼き魚や煮魚の魚料理、肉じゃがなどの一品に、パン一枚、あとはお酒といった簡単なもの。

ほとんど一日中、椅子に座っての仕事だから、あまり空腹感に襲われたことがないからだ。

そのために『糀屋旅館』では、朝食のみでお願いしている。英国流に言えば、ベッド&ブレックファーストの〝B&B〟というわけだ。

で昨夜は、コンビニで買ってきた、アジの刺身と、ミックスサンドイッチを食べながら、酒を飲み、ミステリーの校正をした。

この日、ようやくぐっすりと眠れた。自分の身体と気持ちが、ようやく東伊豆町の稲取に慣れてきたのだろうか。

で、いつものように午前七時半に朝食を食べ、九時に出勤をした。

今朝も、空は真っ青で、雲ひとつない快晴。駐車場に車を駐めると、きょうもくっきりと、爪木崎が望める。

「お早うございます」

玄関の脇にある打ち場で、すでにそばを打っている師匠に、挨拶をして店内に入る。

「お早うございます」

声の主は和子さんで、いつもは一〇時頃に出勤してくるのだけど、今朝はもう出勤して、日本間の障子に、はたきを掛けている。

「何かいいことでも、あったのですか」

そんな声を掛けてみたいところだけど、怒られるといやなので、明るい声で、「お早うございます」と答える。

いいことがあったわけではなく、おそらく、きのうの日曜日、かなり客が立て込んだため、準備しておくこと、仕込んでおくことがたくさんあるのだろう。

厨房に入ると、ここでも料理長が、すでに仕込みを始めていた。

相変わらず、ぼくには何もすることがない。下手に手出しをすると、いつもの段取りが狂ってしまい、かえって困らせてしまう。

かつて、旅館の番頭さんに聞いたことがある。旅館に泊まって、朝起きてから、朝食を取るまでの時間に、手持ち無沙汰だからという意味と、番頭さんに楽をさせてやろうという気持ちとで、つい布団を上げてしまうことがあるが、あれは番頭さんにとっては、有難迷惑なのだそうだ。

たとえば、敷布団を敷く方法、掛布団や敷布団の畳み方、枕を置く場所など、その旅館にはその旅館の流儀があるのだそうだ。

その流儀に反した畳み方、流儀に合わない布団の仕舞い方などをされると、仕事がスムーズに進まずに、かえって時間が掛かってしまうのだそうだ。

料理人も、ホール係も同じことなのだ。

いつものように、店の電気を点け、暖簾を掛け、入口の看板を営業中にして、BGMのスイッチを入れ、賄い料理を取りに行き、店の片隅の畳敷きに運び、一息入れて、食事をするという段取りに、身体が慣れてしまっている。だから、途中の仕事を一つでも他人にされてしまうと、調子が狂ってしまうのだろう。

そんなことを考えていると、師匠が打ち場から出てきた。

「きのうのおさらいで、そばを打ってみますか」

「はい、お願いします」
さて、人生で二度目のそば打ちに取り掛かる。

[水回し]

ここでのポイントは、そば粉とつなぎの小麦粉とに、満遍なく水を行き渡らせることだ。師匠のアドバイスが、背中越しに届く。

「指先をセンサーにして、全体に水が回ったかどうかを、丹念にチェックしていきます。ここで失敗すると、そのあとの地のしでむらができたり、本のしで生地が切れたり、茹で上がったときに粉の固まりができたりと、さまざまな悪い結果を生むことになります」

ぼくは、ひたすら指先で粉を混ぜていく。

「どうしても水は、くぼんでいる中央の部分に集まりがちなので、両手を木鉢の底にくぐらせ、上に持ち上げて撒くようにしてみてください」

言われたとおりに、持ち上げてふるい落とすようにしてみると、確かに水が平均的に混ざり、粒子の大きさが、鶉《うずら》の玉子くらいの大きさに整ってくる。

一握りしてみると、耳たぶのような柔らかな感触は手に伝わってくるので、ここで、次の工程に移る。

［くくり］

固まりを寄せ集め、両手で掴み、引きずっていっては引き戻す、その動きを繰り返す。これは、特別に神経を使う仕事ではないが、生地を乾燥させないように素早く行なうことが肝要だ。

「くくりが終わる頃には、木鉢は磨いたようにピカピカになっているのが理想で、そうでなくて、生地がこびりついたりしているようですと、あまり上等な仕事ではなかったことになります」

師匠に言われて、あらためて木鉢に目を向けるが、まずまずといったところだろう。

［練り］

両手の掌に体重を掛け、固まりを押しつぶすようにする。そうして横に伸びた部分を、縦に置き直し、端の部分を手前に畳み込み、もう一度体重を掛ける。

師匠の動きを見て、同じようにリズミカルに身体を動かしているつもりだが、どうにもリズミカルというわけにはいかない。

「力加減が分かれば、スムーズにいくのですが、これもまた経験ですね」

［菊練り］

これが、ぼくにとっては最も難しい仕事になる。

玉の右上部分を、右手の腹を使って内側に折り込みながら、体重を掛けて押しつぶしていく。すると、菊の花弁が一枚、現われてくるのだ。

その作業を続け、一〇枚から一二枚くらいの花弁を作り上げるのだが、一つひとつの花弁の大きさが不揃いで、何ともみっともない。みっともなくても、味にはほとんど影響しないのだそうだが、プロの仕事は、見た目が美しく、味もよくないといけないのだ。まだまだ、修業が必要だ。

「イメージは、周辺の生地を集め、菊の中心から空気を出してやる感じです。でも、二度目のそば打ちで、きれいな菊練りができたのでは、ぼくたちプロの立場がありません。それで満足してください」

［へそ出し］

あまり美しくはない、菊の模様を上にして、両手で絞り上げ、円錐形を作り上げていく。木鉢の縁を使うことで、形を整えやすくする。このあたりの感覚は、どうにか摑めたような気がしてくる。

「作業をしながら、粉の一粒一粒に、水を吸収させたかを確かめてみてください。生地に粘りが感じられ、ツヤが出てきたので、ほぼ合格だと思います」

［地のし］

「二八そばだから、二時から八時と覚えました」

そう言いながら、鏡餅の形をした生地に、軽く打ち粉を振り、右掌に体重を掛け、二時の位置から、八時の位置に移動させる。

左手で、生地を時計回りに回転させ、続けてまた、二時から八時。これを四回転させて、どうにか地のしを終了させるが、あまりきれいではなく、でこぼこがある。

「手の感覚で伸ばしていくため、表面が完全な平らになることはありません。でも、かなり完璧に近い円形にはなっています」

［丸出し］

ここでは、円形になった生地を、円形のままでなおも大きく伸ばしていく。一〇時から二時までの位置を、麺棒で伸ばしていき、生地を左に回してまた同じように伸ばしていく。

でも、左に回すときに、力加減がうまくいかなかったのか、生地の端を伸ばしすぎてしまうミスが出た。

「生地を、ふわっと浮かして回すようにすると、スムーズに作業は進みます」

[四つ出し]

「この四つ出しは、江戸流の打ち方で、地方によっては四角にはこだわらずに、円形のまま伸ばして切るところもあります。でも、ここできっちりと四角にすると、何とも気持ちいいものです」

手前から、生地を麺棒に巻き込み、向こうに転がして、手前に引く。それを上下を替えて行ない、レモン形になったかを、いったん開いてみて確認。次に、角度を九〇度回転させて、巻き込んで転がし、手前に引く作業を、上下を替えて行ない、四五度にして、恐る恐る開いてみる。

ああ、力加減が一定でなかったためか、左上の一部分の生地が、波を打っているように薄くなっている。形も、プロみたいに正方形にはならない。四つの角が、丸くなったり、変な格好にびよーんと伸びていたり。

「まずまずです。これからの本のしで、少しずつ形を整えていきましょう」

［本のし］

四つ出しを終えた生地は、辺の部分が厚くなっているので、それを伸ばして平均化していく。厚くなっている部分を、麺棒を使ってほかに移動させるのを、肉分けという。

麺棒に、生地の下半分を巻き取って固定させ、上半分をのしていく。厚さが均等になったら、もう一本の麺棒に、厚さを均等にした生地を巻きつけ、一八〇度回転させて、これまで巻きつけていた生地を広げてのしていく。

「麺棒の動きは、なかなかリズミカルになりました。厚さも均等になってきたようです」

誉められたときは、そのまま素直に喜ぶのがぼくのスタイルだ。

［たたみ］

さっき、師匠が仕上げの、たたみから切りの仕事をしていたのを覗いてみた。すると、一つだけ新しい発見があった。打ち粉を、ふんだんに振るのだ。ぼくは、少し遠慮がちな性格なので、控えめに振っていたが、もう遠慮はしない。

そうすると、生地同士がくっついて、破れたりすることがなく、作業もスムーズだ。

［切り］

師匠の場合は、まるで競歩のような、素早くてしかも一定のテンポを保ちながらの切りで、見学していて惚れ惚れとする。しかし、ぼくの場合はそうはいかない。まるで気まぐれな小学生の登校のように、ぶらぶらと歩いたかと思うと、急に駆け出して、今度は立ち止まって、考え込むといった調子だ。

テンポが一定しないから、太さもまちまちになってしまうのだ。この、切りという仕事は、上手か下手かが、歴然と現われてしまうだけに、言い訳が利かない。言い訳するほどの、出来でもないのだけれど。

「これも、経験がすべて。経験することで、きりっと角の立った、爽やかなそばに仕上がるようになります」

というわけで、二度目の挑戦も散々な成績。やはり、一週間でそれなりのそばに仕上げるのは、無謀なことなのか。

団体客が続けてやってきた

必死のそば打ちを終えると、開店時刻になっていた。

和子さんと美奈さんも、気難しそうなオヤジのぼくに、少しは慣れてくれたのか、きょうの賄いの親子丼を、座敷の隅に用意していてくれた。

「きのうは大繁盛しましたが、日曜日だったからですかね」

「でも、昔ほど、土日にお客さんが集中することもなくなりました」

「土日で温泉に泊まると、料金が平日の倍くらいになるので、金土とか、日月で泊まるお客さんが増えたからでしょう」

「それに、早い時刻か、午後一時過ぎに混雑することが多いですね」

「軽い朝食を食べて、東京を午前八時頃に出ると、このあたりに到着するのが、午前一一時から一二時の間くらいですからね。それと、帰りの途中に寄る人は、旅館で朝食をしっかり食べて、ひと遊びして空腹を感じるのが、午後一時過ぎですから……」

「稲取のこと、よくご存じですね。何度目ですか」

「仕事で一〇回は来ています。ゴルフで年に四回で、一〇年近く続いているので、合計で五〇回。東伊豆町全体に関しては、一〇〇回くらいになります。稲取の吊《つ》るし雛《びな》をテーマに『伊豆・柳川伝説　雛の殺意』というミステリーも書いています。三年ほど前に、テレビドラマにもなりました」

「そうですか、観たことがあるかもしれませんね」

そんな話をしながら、賄い料理に舌鼓を打っていると、二人連れの客が入ってきた。

「いらっしゃいませ」

和子さんと美奈さんが食事中、客に対応するのは師匠の母堂で、ホールでの担当は、暗黙のうちに次のようになっているようだ。

朝の一番でやってくるのは和子さんで、ホールの全般を担当している。

その次にやってくるのは美奈さんで、トイレの掃除から始まり、ネギを刻んだり、大根をおろしたり、細かい仕込みを担当する。

次に母堂がやってきて、花を活けたりして開店に合わせる。

和子さんと美奈さんは、二時間くらい、ほぼ休みなしで身体を動かして準備するため、開店直後から混雑するまでの二、三〇分は、昼食休憩させてあげようという配慮からか、その間は母堂がホールを守る。

そして一一時三〇分頃からは、三人体制に入り、暇を見て母堂も昼食を取り、午後二時頃までフルに働く。

やがて、客が退く午後三時頃に軽くおやつを食べ、夕方には店の様子を見て、和子さんと美奈さんが順次に帰宅する。

その後は、ポツリポツリしか客が現われないため、母堂一人で切り盛りするのだ。

もっともこれは、ぼくが滞在した、九月上旬のことだ。

この季節は、夏休みの喧騒が去り、農家は稲の刈り入れや作物の収穫で忙しく、会社員も九月下旬から十月に掛けて連休が続き、その分を平日にこなしておかなければならない。また、子供の運動会、文化祭、発表会などが目白押しの時期のため、旅行する人もあまりいないのだろう。

おそらく、夏休みの土日や、ゴールデンウイークなどは、夕方でもごった返して、和子さんも美奈さんも、大奮闘だったことだろう。

さて、この日は月曜日。まるで、昼食のときのぼくたちの話を聞いていたように、土日でもないのに、午前一一時三〇分過ぎに一一人の団体がやってきた。

ぼくは、手伝うこともできないので、師匠と料理長の奮戦を見守る。

どんな仕事でもそうなのだけれど、忙しいときのほうが気合が入り、集中するから、いい仕事ができ、疲れが残らない。

友人の寿司屋が言っていたが、客が立て込んでいるときよりも、客が入るのをじっと待っている暇な時間のほうがずっと疲れると。

たいていの仕事はそうだけれど、ぼくたちの物書き仕事は別で、忙しいとやはり疲れる。

一一人の団体さんは、食事が中心だったため、軽く酒を飲み、一二時一〇分には帰ってしまった。

ところがその後に、またもや一二人の団体さんが入ってきた。そのお陰で、洗い物が溜まってしまい、いよいよぼくの出番だ。

洗い場は、三層式になっている。

いちばん左に、横幅三〇センチで、奥行き六〇センチほどの、小穴の開いたステンレスのざるがある。まずそこに、残飯を捨てる。

次にその右隣にある、正方形の水槽に食器類を入れ、スポンジに洗剤をつけて洗い、その右隣の、すすぎの水槽に入れる。

すすいだ後は、その右側に設置している、食器洗浄器に入れる。

この食器洗浄器だが、さすがにプロ仕様はよくできていると感心させられた。

まず、食器を入れて扉を締めると、自動的にスイッチが入るようになっている。忙しいときなどは、スイッチを入れたり切ったりするだけでも面倒だ。

そして、洗浄が終わると自動的にスイッチが切れる。タイマーなどの設定が必要ないのだ。

もう一つ、これは当然かもしれないが、すすぎのシャワーが上から注がれる仕組みになっていた。ぼくはそれを知らなくて、三層目のすすぎの水槽から食器洗浄器に入れる前に、流水で洗っていたのだが、その必要はなかったのだ。

世の中、知っていれば簡単なことも、知らないと余計な労力を使ってしまうことがあると、再認識した。

ミステリアスなオーダー

そうこうしているうちに、団体さんからの注文が入った。

「焼みそ一丁、川えび二丁、鴨焼き二丁、せいろ二枚、ざるうどん一枚、ひみこうどん一丁、ごまだれうどん二丁、釜揚げうどん二丁、煮込みうどん一丁……」

五〇代の後半の団体さんは、男女が約半分ずつで、焼みそや川えびの唐揚などを肴に、一杯やるという向きと、食事を中心という向きとが分かれているようだ。

それにしても、ちょっとおかしい。

ミステリー作家の血が騒ぐ。

何がおかしいのか、読者の皆さんに考えていただく前に、『誇宇耶』のメニュー（二〇〇五年九月現在）をざっと紹介しておこう。

【冷たいそば　うどん】

一、せいろ　七三五円

一、ざる　八四〇円
一、天せいろ　一六八〇円
一、天ざる　一七八五円
一、伊勢海老天せいろ（限定）　三一五〇円
一、鴨汁せいろ　一三六五円
一、ひみこ（美人のみ）　一二六〇円
一、ごまだれうどん　八四〇円

【温かいそば　うどん】

一、かけ　七三五円
一、岩のり　八四〇円
一、天婦羅　一六八〇円
一、鴨南　一三六五円
一、釜揚げうどん　八四〇円
一、煮込みうどん　一二六〇円

【一品料理】

一、そば焼みそ　四二〇円
一、川えび唐揚　五二五円
一、いか一夜干し　七三五円
一、天婦羅盛合せ　一五七五円
一、鴨焼き　八四〇円
一、あさり酒むし　六三〇円

【御飯丼物】

一、天重（小鉢、お新香、小うどん）　一六八〇円
一、芽かぶ丼（小鉢、お新香、小うどん）　一三六五円
一、天婦羅御膳（小鉢、お新香、小うどん）　一八九〇円
一、鴨ロース丼（小鉢、お新香、小うどん）　一五七五円
一、いか天丼（小鉢、お新香、小うどん）　八四〇円

さて、何がおかしくて、ミステリー作家の血が騒いだのか、お分かりだろうか。

解答を探るべく、ぼくはそっと裏にある従業員の通用口から外に出て、駐車場に向かった。団体客が乗ってきたであろう、中型のバスが停車していたので、ナンバーに目を向けると、大阪だった。しかも、フロントガラスに掲示している、客の団体名は、大阪の高校の同窓会だった。

やはり、ぼくの推理は的中した。

おそば屋さんに入って、うどんの注文が多いのは、うどん文化圏である、関西からの客だろうという推理だったのだ。

これは、あまり修業には関係ない話だったけど……。

天ぷら、もう一つの新事実

一二人の団体客に続いて、四人組、二人連れ、三人連れと、客は後を絶たない。

まさに最近の傾向で、土日に客が集中しなくなったことを、証明しているような月曜日になった。

厨房の裏にある、準備室の窓の外では「ミーン、ミンミン……」と、蟬が夏の最後を告げている。きょうもまた気温は、三〇度を軽く超えているだろう。

洗い物を手伝っていると、午後一時半を回り、客の数も少なくなってきた。

一休みと、椅子に腰を下ろしてさりげなく、天ぷらを揚げている料理長の手元を見ていると、「あれれ、これはなぜ……」と、ぼくは首を傾げたのだ。

すぐに、質問を向ける。

「天ぷら鍋が、傾いているんですが、意識的にそうしているのですか」

「いいところに、気づいたね」

料理長は、笑顔を浮かべている。

ようやくぼくが、ただの気難しい作家ではなく、料理にも詳しい作家だということに気づいてくれたのだろう。

「鍋を右に傾けると、左側が浅くなり、右側が深くなる。ぼくたちの業界では、左の浅いところを陸、右側の深いところを海と呼んでいる」

「陸と、海ですか」

「深さを変えることで、熱した油は対流を作ることになる。この場合は、時計回りに対流ができるわけ」

「熱い油は上昇し、ぬるい油は下降する」

「ということは、左側の陸の部分に天種を落とすと、右回りして右側の海に流れていく。つまり、左側に天種を次々に落としていけば、流れ流れて勝手に深いところに集まってくれるというわけです」

まさに、目から鱗の事実である。

「実際に、やってみます？」

「いいですか」

家庭で天ぷらを揚げたことは何度もあるが、プロの見ている前で、プロの道具を使って揚げるとなると、やはり緊張する。

まず、右手の親指と中指で、少量の衣を掬い、油に落としてみる。衣が鍋の底まで到達するかしないかの間際で、水面に浮かび上がってきたので、油の温度が一八〇度前後であることを確認する。

冷蔵庫から取り出して、バットの上に置いてあった、えび、ナス、カボチャ、シシトウのうち、まずえびの尻尾を摘まみ、軽く下地の粉を振る。

次に、衣を付けて、えびの尻尾から向こうに、軽く流してやるようなイメージで鍋に落としてやる。

同じように、ナス、カボチャ、シシトウも落とし、続いて菜箸を使って衣を掬い取り、天種の上に、花を咲かせてやる。

料理長は、まったく雑作《ぞうさ》もなく、指先に衣を付けて花を咲かせていたが、素人のぼくがやったのでは、火傷をしないとも限らない。迷惑を掛けたくないので、大人しく素人のやり方に準じた。

天種は、油の中で、「ジャーッ!」という音を上げながら、小刻みに震えている。これはまだ、素材の内部に含まれた水分を蒸発させている状態なのだ。

などと考えていたら、大切なことを忘れていた。揚げ玉を掬うのだ。これを忘れると、油を汚してしまい、次の天ぷらに悪影響を及ぼすのだ。

慌てて揚げ玉を掬ってやるが、難しい。

素人や、不慣れな人間は、どうにも余裕がない。だから、一つの物事を完成させる方向にばかり目が行き、周辺が見えていないのだ。

かつて名人と言われた落語家は、芸を演じながら、自分の芸がどのくらい受けているか、どこの客が真剣に聞いていて、どこの客が眠そうにしているかを、きちんと掌握していたという。

それと同じように、天ぷらを揚げるという仕事をしながら、揚げ玉を掬い、伝票に目を向け、新しい注文に対して、どう対応するかの段取りを計算している、それだけの余裕を持っているのがプロなのだ。

「ジャーッ!」という甲高い音が、やがて「ジュウーッ!」という、やや低い音に変わったら、約七〇パーセントの出来になるので、裏返してやる。

すると、二〇秒ほどで、「ジュジュッ……」と、音が小さくなり、天種がほとんど油の中で動かなくなってくると出来上がりだ。

菜箸で挟み、油から上げて、用意した和紙の上に載せる。

「天ぷらは、揚げが足りないと生のままで、揚げ過ぎると水分が蒸発して、風味も飛んでしまう。その加減が大事だ。まずまずじゃないかな」

自分でも、まだまだ人様から、お金をいただける天ぷらなどとは夢にも思わないが、料理長の「まずまず」のお言葉をいただき、嬉しさがこみ上げてきたのだった。

《五日目》

返しとだしを習う

きのう、『誇宇耶』が閉店してから『糀屋旅館』に戻り、温泉に入ろうとして、風呂場の脱衣室で自分の足元に目を向けて驚いた。

何となく様子がおかしいのだ。

まさかと思って、その場にしゃがみこみ、両足をじっと観察すると、足首からふくらはぎに掛けて、一回り太くなっているのだ。まさか太ったわけではないしと考えて、結局足がむくんでいるということが判明した。

こんなこと、生まれて初めての経験なので、あとで辞書で〝むくみ〟という言葉を引いてみたら〝からだやひふの中に水気がたまってふくれる〟と書かれていた。

これまでまったく縁のなかった立ち仕事の連続で、下半身の細胞の水分が、引力のお陰で下降していき、足首に溜まったのだ。

いやいや、人生を五八年も経験してきて、まだまだ経験していないこと、理解していないことがたくさんあることを思い知らされたのだ。

それだけではない。

残暑の厳しさに加え、厨房ではそばを茹でる釜と、うどんを茹でる釜の湯気のダブルパンチ、天ぷらを揚げる油の熱気、鴨を焼いたり、玉子を焼いたりするときのフライパンの熱で、まさに灼熱地獄なのだ。

一週間の修業のために、肌着はやや多めに用意してきたのだが、暑いから水を飲む、水を飲むから汗をかくの悪循環で、半日でびしょびしょになってしまう。そのために、予期していなかった肌着の洗濯という仕事ができた。

ただし、身体を動かして汗をかき、おいしい酸素を胸いっぱいに吸い、格別な味のビールを飲む……。これぞ地上に生きる生き物の正しい生き方ということを、あらためて感じたのだった。

きょうもまた、朝ごはんがおいしい。

午前九時に出勤すると、師匠の嬉しい言葉が待っていた。

「きょうは、返しとだしを作りましょう」

とはいっても、話を聞いていくうちに、『誇宇耶』の返しとだしは、簡単には理解できないことを知った。

一般的なそば屋では、返しとだしを取り、その混合比でもり汁とかけ汁に分けて使うが、ここでは、もり用の返しとだし、かけ用の返しとだしを、それぞれ別に作るのだ。

順を追って説明しよう。


【もり用返し】

材料
みりん　三・六リットル
醤油（ヒゲタそば膳）　一八リットル
白ザラメ糖　二・七キログラム

「一般的には、白ザラメ糖や氷砂糖は、この比率で言うと、三キログラムという店が多いはずです。でも、うちで使っている、そば屋専門の業務用醤油のヒゲタそば膳は、少し甘みが入っているので、ぼくの判断で砂糖を少なめにしています」

まず、分量がきちんとした比率になるように、直径三六センチの寸胴をよく洗う。

そこにみりん三・六リットルを入れて加熱する。

「加熱することによって、アルコール臭を飛ばします。ただし、完全に飛ばすと、味が物足りなくなるので、その手前で止めることが肝心です。火力や、その日の気温などによって異なりますが、だいたい沸騰してから一分くらいです」

沸騰してきた、みりんの入った寸胴に鼻を寄せると、プーンと鼻を突くような臭いがある。これではまだ不充分で、一分後くらいになると、臭いも穏やかに変わってきた。

「これからは、中火にして白ザラメ糖を加え、よくかき混ぜて溶かしていきます。これも気温などによって異なりますが、五、六分です」

そこで師匠は、タイマーを二〇分にセットして、醤油を加える。

「絶対に沸騰させてはいけません。沸騰させると、こげた味が出てきます。八〇度くらいになるまで、約二〇分間……。表面に膜ができたら、アクを取って出来上がり。蓋をすると水滴が落ちるので、そのまま自然冷却させます」

藪系の店では、一週間から一〇日間、砂場・更科系で五日間、寝かせて熟成させるところが多いが、師匠の流儀では、三日で使うとか。

さて次は、もり用のだしの取り方になるが、『誇宇耶』では、ちょっと変わっただしの取り方をしている。

【もり用だし】

材料

水　一二リットル

鰹節（本枯節の主に雄《お》節と荒節）　七二〇グラム

「ほとんどの店が、この分量の水に対して、二〇～三〇グラムの昆布と、五、六個の干ししいたけを加えているようですが、ぼくの店では、味をすっきりさせたいので、鰹節だけにしています」

その鰹節も、以前の主流は厚削りだった。ボール紙くらいの厚さに削り、二、三〇分掛けてじっくりと抽出した。

しかし、一茶庵の創始者の片倉康雄が、そばの高級化を進めるに当たって、薄削りで瞬間的にだしを取る、日本料理の手法を採用するようになった。

そうすることで、厚削りだと、時間を掛けて抽出される、旨味と一緒に出てくる雑味などを防ぐことができるというのだ。

ただし、その傾向もここ一〇年ほどで、少しずつ変化し始めた。一茶庵系の取り方だと、すっきりした味にはなるが、あまりに上品過ぎて、料亭の椀物のようになり、そばの汁としては、もう一つ物足りなさが残るという意見が出始めたのだ。

現在では、厚削りと薄削りの中間で、この本のカバーくらいの厚さが主流になっていて、『誇宇耶』でもそのくらいの厚さに削っている。

「同じ鰹節でも、群れの種類、海流、食べてきた餌などによって、味が微妙に異なるので、そのあたりは自分の感覚と、舌の勝負です」

だいたい、三分ぐらいが目安で、湯が沸騰する寸前に鰹節を入れ、その後は弱火でアクを丁寧に取りながら煮出す。一二リットルの水は、蒸発したり、鰹節が吸ったりして、一〇リットルのだしになる。

【かけ用返し】

このだしが一〇〇に対して、もり用返し三三で合わせて、もり汁が完成する。

材料
みりん　三・六リットル
醤油（ヒゲタそば膳）　一八リットル
白ザラメ糖　二・九キログラム

「かけ汁は柔らかなコクが身上で、もり汁はすっきりと切れがあるように心がけています。ですから、かけ用の返しは、やや砂糖が多くなります」

白ザラメ糖の分量が、二〇〇グラム増えているが、作り方はもり用返しと同じだ。

【かけ用だし】

材料
水　一二リットル
鰹節（本枯節の主に雌《め》節と荒節）　三六〇グラム

丸みのある柔らかな汁に仕上げるという意図は、鰹節も、背の部分の雄節ではなく、脂が乗っている雌節を主に使うことにも出ている。

そして、一二リットルの水で、一気にだしを取るのではなく、二回に分けるところにも計算がされている。

まず六リットルの水を加熱して、沸騰する寸前に鰹節を加えて、五分ほど煮出す。布巾で漉《こ》しながら、別の寸胴に移す。もう一度、六リットルの水を用意して、今度は、一度だしを取った鰹節を加えて二番だしを取る。

「二番だしは、わずかに雑味がありますが、その分、角が取れて丸い味になります」

一番だしと、二番だしとを合わせ、最終的には一〇リットルのかけ用だしができる。これが一〇〇に対して、一〇・四の返しを合わせて、かけ汁が完成する。

完成しただしを、一口、味見させてもらう。

よく分からないが、このかけ汁にそばが絡むと、絶妙な味になるような気がした。

振り向くと、夏の終わりを告げるような、巨大な入道雲がもくもくと青い空を突き、窓からは、秋めいた風が流れてきた。

そばの生命線は、空気と水

午後二時過ぎ、店が一段落した頃に、師匠の尊父が、畑で収穫した作物を届けに来た。ネギ、サツマイモ、ニンジン、青唐辛子、大葉……。

有機栽培のため、形は整ってはいないが、大自然の息吹が込められている、まさに大地の贈り物。きょうの賄いで食べた、オクラ、タマネギ、ナス、モロヘイヤ、そば米などのかき揚げの、何と滋養に富んだ深い味わいだったことか。

「お父さんに皿を洗わせたら、誰にも負けない。それに、お父さんは発明家でもあるんです」と、美奈さんが絶賛する。

その発明品の一つは、ゴミ箱に使うポリバケツのなかに入れた、ビニール袋を固定するゴム。ぼくにはよく分からないが、昔、モーターを回して力を伝導するときに利用していた、黒いゴムベルトを上手く利用して、ポリバケツの口にゴミ袋を固定させていた。

農業をやり、皿洗いをやり、必要に応じて発明する……。ほどよく身体と頭を使っているからだろう、七四歳にはとても思えない若々しさだった。

午後二時二〇分過ぎ、客足が途絶えたところで、師匠が水汲みに誘ってくれた。

「週に一回、先日お話しした、天城深層水を汲みに行っているんです。片道で一時間ちょっと掛かるんですが、一緒に行きませんか」

「ぜひとも、同行させてください」

というわけで、午後二時三〇分過ぎ、六つのポリタンクをワゴン車に積み込むと、稲取を後に、国道一三五号線を南下する。

すぐに国道は河津町に入り、右折して伊豆の山奥に車を向けると、今度は河津バガテル公園を右に見て進む。

あとはどう走っているのか分からない。途中、横川温泉、下田カントリークラブ、大沢温泉などの看板を見たので、県道一五号線を西に向かって走ったのだろう。

やがて、何度も通っている、見覚えのある景色を前にして、松崎町に入ったことを知る。

左手に、駿河湾の景色を目にしたかと思うと、車はまた、海を背にして山奥に向かう。左手には、道路と並行して、仁科《にしな》川の清流が流れている。

道路は、幾重《いくえ》にもカーブするワインディングロードで、道幅はどんどん狭まり、車がすれ違うのがやっとという状況になってきた。

と、そのとき前方に、駐車している車の一団を発見、そこが静岡県西賀茂郡西伊豆町大沢《おおそう》里《り》の、天城深層水の給水所だった。

給水所は、水道水のように蛇口から流れ出すが、私企業なので、無料というわけにはいかない。一〇〇円硬貨を投入すると、一分間、深層水が汲めるシステムになっている。

静岡県生活科学検査センターが検査した成分表によれば、無菌で、栄養成分（一〇〇ミリリットル中）は、以下のとおりだ。

硬度	一五三・〇ミリグラム
カルシュウム	五八・〇ミリグラム
ナトリウム	八・五ミリグラム
マグネシウム	二・〇ミリグラム
カリウム	〇・五ミリグラム
バナジウム	〇・一四マイクログラム
ＰＨ値	七・六ミリグラム

しかも、一年以上も常温で保管しておいても、無菌のままだったという結果も、報告されているほどの優《すぐ》れた水なのだ。

飲んでみて感想を記すのは、水の場合は非常に難しいが、まったく雑味が感じられず、爽やかな喉越しと言えるだろう。

天城深層水を満タンにして、来た道を戻る。

「そばの生命線は、やはり空気と水ですね」

師匠は、そう言う。

これまでに数え切れないほどのそば打ちと話をしてきたが、誰にも共通しているのはこの

誇宇耶のそばの秘密はこの「天城深層水」にあり

ことだ。

「人間が生きていくための基本は、空気と水。中でもそばは、そば粉と空気と水だけで作り、ほかには塩の一振りも加えませんからね」

「だから、一度、そばに嵌《は》まり込むと、なかなか抜け出せなくなるのです」

「師匠は、どんな理由で、そば屋になろうと思ったのですか」

「やはり、麺類が好きだからです」

「それは、感じましたね。偶然かもしれないけど、今回ぼくが口にした賄い料理は、初日がラーメン、二日目がうどん、三日目がぼくが打った鶏汁そば、四日目が親子丼、五日目がかき揚げぶっかけそば……。やっぱり、好きなんですね」

「そう言われてみると、確かにそうですね」

「奥さんも、麵類が好きなんですか」

「麵類は好きだけど、そばはあまり好きじゃないみたい」

「お子さんは、三人でしたね」

「子供はみんな、大好きです」

何だか、とても温かい家庭の雰囲気が、伝わってくる。

車は、正面に駿河湾を見て山道に別れを告げた。

二倍働けば一人前

世間話をしばらく続けてから、あらためてそばの話に戻る。

「いまは、どこの玄そばを使っているのですか」

「最近は、福井産に香りや甘みのいいものが多いので、三分の一は福井産です。ほかに、栃木、長野、北海道などが中心で、四国の徳島、鹿児島、福島、山形、石川なども混じっています」

「玄そばから、石抜き、磨き、粒揃え、脱皮、製粉とやっていくと、時間がいくらあっても足りないでしょう」

「ですから最近は、収穫して玄そばが届いたら、すぐに石抜き、磨き、粒揃えまで済ませておき、ゴールデンウイーク前までは、摂氏一〇度、それを過ぎたら、五度以下の温度で、冷蔵庫に保存します」

「しかし、毎日、朝の七時からそばを打ち、午後の八時に閉店して、家に帰ってお風呂に入ったら、九時過ぎで、寝ている時間もないくらい。よく身体が持ちますね」

「そば屋は、体力です。幸いなことに、高校時代にレスリングをやっていたので、体力には自信があります。修業中でも、店を開いてからも、できないことがあったら、人の二倍働けば一人前になれると思ってきましたから、悩んだこともないです」

「人間が生きていく上で、最も基本的な心構えだと思います。二十世紀は、人間を豊かにする文化が花開いた時代だったと人は言うけど、結局は、豊かにするのではなくて、楽にさせる文化だった。なるべく身体を使わないで、遠くに早く行けて、喉が渇いたらすぐに飲み物が飲めて、おいしいものをすぐに食べられる。だから、それが叶《かな》わないと、暴れたり切れたりする」

「我慢ができない若者が、増えました」

たでしょう」

「修業というのは、生まれも育ちも、考え方も違う人から学ぶことだから、我慢の連続だっ

「我慢もしましたし、新しい発見もあった。一〇軒くらい回ったけど、それぞれの店にはそれぞれのやり方があり、勉強になりましたね」

車は、松崎町から下田市と続く、田園地帯を東に向けて走っていく。

「水汲みは、毎週ですか」

「ほぼ毎週の、定休日の日課です」

「往復二時間半、一人のドライブは退屈でしょう」

「だから、毎週、違った温泉に立ち寄ったりしているんです。このあたりは、松崎温泉をはじめ、桜田温泉、大沢温泉、横川温泉、観音温泉など、温泉が多いですから……。ところで金久保さんは、食べ物は何が好きですか」

「一番はフグ、二番はオコゼ、三番はノド黒……、別名赤ムツです。でも、それは簡単には手に入らないので、ふだん食べているもので一番は、カツオです」

「カツオですか……」

「ただしカツオは、鮮度が命、最高と最低の、当たり外れが大きい。静岡県焼津市の漁協の人でさえ、実際に魚を割っても分からない、食べてみないと美味いかどうか、判断できない

と言ってました」

「本当にカツオは、分かりません」

「和歌山県の日置《ひき》川町で、日戻り漁のカツオを食べたことがあったけど、そこのが一番美味かったですね」

「稲取でも、カツオを狙った日戻り漁をやっている漁師が、いるはずです」

「本当ですか」

「間違いないと思います」

「食べてみたいな」

「分かりました。でしたらきょうは、早仕舞いしましょう」

時計の針は、午後五時になろうとしている。

車はいま、河津駅の近くを通過して、国道一三五号線に出たばかり。あと一〇分ほどで店に戻れるのだ。

「旅館に戻って一風呂浴びていてください。一時間で片付けを終えて、六時には迎えに行きます」

笑顔でそう言って、師匠は車のアクセルを踏んだ。

人を喜ばせてあげるのが好きという、この素晴らしいサービス精神こそが、飲食店で成功するための、必須条件であり、かつ最も大切な能力なのである。

最高級のカツオに出会った

師匠は、六時きっかりに『糀屋旅館』の玄関に姿を現わした。

「さあ、行きましょう」

車のハンドルを握ると、約三分で到着したのが、食事処・居酒屋『笑《わらい》の家《いえ》』だった。

若い頃は、東京にある国士舘高校の空手部で、スポーツでも、そのやんちゃ振りでも名を轟《とどろ》かせていたという西塚孝男さんは、確かにそうだったろうと、当時を彷彿《ほうふつ》とさせる風貌で、カツオを捌いてくれた。

出されたのは、その切り身から察して、四〜五キロ級の、ほどよく脂の乗っているカツオだ。しかも、この時期のカツオこそが、絶品で、春先は脂が乗らないために物足りなく、また十月の下旬あたりからの戻りガツオは、脂があまりにも乗りすぎて、ぼくにはしつこく感じられるのだ。

ぼくは、カツオにはニンニクと決めているので、そう注文すると、笑顔で引き受けてくれた。

「わがままを言って、悪いですね」

「客はみんな、わがままなものだ」

若い頃にやんちゃだった人ほど、大人になってから丸くなるというのが、人間評価をする際の基準だが、西塚さんもその例に漏れず、性格も身体も丸くなったようだった。

また、隔世遺伝と言われ、やんちゃな父親には、心優しい子供ができ、その子供がまたやんちゃになるという、これもまたよく言われる人間方程式にも適っているらしい、気の優しそうな息子の康仁くんが厨房を手伝っていた。

奥さんの陽代《はるよ》さんは、まるで二人の男の子を面倒見ているといった、堂々とした態度で、新聞を読んでいて、いやー、カツオも最高だけど、この店の空気もまた特上だと思った。

続いて出てきたのは、アジのユッケ風で、韓国風の味付けはなかなかいける。ただし、ぼくたちのような都会の人間は、新鮮な魚に恵まれていないせいか、ぷりぷりのアジは、刺身で食わないともったいないという気持ちになってしまう。

魚は新鮮なのが当たり前という感覚で生きている港町の人が、本当にうらやましいと、あらためて感じさせてくれた、五日目の夜だった。

《六日目》

プロとアマとの壁

きょうは、修業の実質的な最終日。あしたは定休日のため、最後にぼくが打ったそばを評価する日に充《あ》てている。

朝の九時に店に出ると、きのうは午前様になるまで飲んだというのに、師匠は相変わらず七時に起きて、そばを打っていた。

毎日、二・五キロのそばを四玉、合計で一〇キロのそばを打つ、その体力にはまったく頭が下がる。

しばらく、師匠の打ち方を見学させてもらうが、最もぼくと異なる点は、ともかく身体の使い方にメリハリがあり、リズミカルなことだ。

力を入れるときにはしっかりと力を入れ、力を抜くときには、それなりの動きで済ませる、そのあたりの呼吸が素晴らしい。

もう一つポイントとなったのは、打ち粉をしっかりと振ること。これでは多すぎるかもしれないと思うほどだが、多すぎても失敗することはないのだ。

プロのテクニックというのは、アマチュアとの差をどうつけるかにある。

たとえば、だしを取るのに、水一リットルに対して、鰹節を六〇グラム使うなど、家庭では考えられない。六〇グラムとは両手を丸めて、そっと載せたほどの鰹節の量なのだ。

また、ある料亭で魚を煮る場面を目撃したが、ふつうなら水が二に対して、酒が一くらいの割合に、みりんと醤油と砂糖を加えるのだが、その店では水をまったく使わずに、まず酒とみりんを煮込み始めたのだ。

これぞプロの味だと、客を納得させて料金をいただくためには、それ相応の経費を掛けなければならないというわけだ。

「お早うございます」

きょうもまた、料理長、和子さん、美奈さん、母堂と出勤して、みんな余計な話もしないで、黙々と自分の仕事をこなしていく。

きょうもまた料理長は、初日にぼくが驚嘆した発泡スチロールの冷蔵庫に、追加するべき食材を仕込んでいる。

かつて、大胆で斬新なフレンチの料理人として知られる、箱根『オーベルジュ・オー・ミラドー』オーナーシェフの勝又登を取材したことがある。

ぼくが彼の、天才的な閃《ひらめ》きを絶賛したあとに、料理人に不可欠な能力は何かという質問を向けると、勝又はこともなげにこう答えた。

「退屈で単純な作業を毎日続けられる、根気です」

その言葉を耳にして、あの発明王エジソンの言葉を思い出した。

「発明とは、九九％の汗（努力）と、一％の霊感（閃き）」

毎日、野菜を刻むことを続けた人間にこそ、野菜は微笑んでくれるのだろう。

今回の取材では、教えられたことが多かった。

これまで、一人前の顔をして、料理評論をしたり、そばの蘊蓄《うんちく》を垂れてきた。しかし、現実に『誇宇耶』の厨房に立ってみると、まったく無能なただのオヤジでしかないのだ。

世間の、料理評論家を豪語する皆さんも、まずこの現実を前にしてから、偉そうな論評をするべきだろう。

最後まで、感心しきりです

開店してから一時間後の、一二時過ぎから突然のように客が立て込んできた。

師匠も料理長も、ホールの和子さん、美奈さん、母堂も、目の回る忙しさだ。ぼくも、少しはお役に立ちたいと、皿洗いの手を休めずに頑張った。

と、どうだろう、一二時四〇分を過ぎたあたりで、新しく入店してくる客の足がぱったりと途絶え、それからはずっと暇になってしまった。

しかし、暇になったからといっても、飲食店にはさまざまな仕事がある。

和子さんは、手が空いたのを幸いに、もり汁を入れていたポットを洗い始める。美奈さんは、洗って干していた布巾を、折り畳んでいる。

料理長は、ひみこそばに添える、茹でえびがそろそろ足りなくなりそうと判断したのか、えびを塩茹でし始めた。

今回の取材で、最も教えられたことの一つが、このプロだからこその用意周到さだ。たとえば現在、茹でえびのストックが、五匹あったとする。普段なら、突然にひみこそばの注文が、五匹では不足となる六人前以上も入ることは考えられない。

しかし、絶対にないとは言いきれない。だからといって、突然に六人前の注文が入ったとしても、こなせないことはない。湯を沸かして、えびを茹でることなど五分と掛からないのだから。

ただし、その余分な仕事を作ることで、精神的な、あるいは時間的な、あるいは肉体的な余裕が失われる可能性がないわけではない。

それが引き金になり、わずかなミスをしてしまうこともある。たとえば、天ぷらを引き上げるタイミングを、わずかに遅らせてしまったとか……。

アマチュアならば、笑って済ませるミスも、プロが犯した場合は致命傷になりかねない。そのために、つねに用意周到、準備万端、決して自分が追い込まれないような状態を作っておくのだ。

考えてみれば、ぼくらの業界はそれとはまったく正反対で、あしたの仕事を、きょう終わらせておく人間は、まずいない。

たとえばぼくが、新聞記者だとしよう。

午後三時、航空機の事故で、一〇人の死亡者が出たとする。それを取材することはあっても、あしたの朝刊のために、いますぐ原稿を書くことはない。

なぜならば、このあと締切りまでの間に、同じような航空機事故で、一〇〇人の死亡者が出る可能性もあるし、もっと重大な事件が起こるかもしれない。そうなると、一〇人の死亡者を出した航空機事故の記事は、ボツになってしまうからだ。

ぼくたちの業界の人間が、世間から変人扱いを受けることが多いのも、そういった特殊な事情があるからかもしれない。

さてこの日は、とてもラッキーなことがあった。

翌日が定休日のため、この日でお別れになる従業員の美奈さんから、素晴らしいプレゼントをいただいたのだ。

東京から、変なオヤジが修業に来ているといった話を、ご主人の謙一さんにしたのだろう。すると、たまたまきょう休暇を取って、趣味のスキューバダイビングに出かけた謙一さんが、その獲物を持ってきてくれたのだ。

あけてびっくり玉手箱ではないけれど、掌よりも大きくて、重さ二〇〇グラムはありそうな、アワビが三つ、握りこぶしくらいのサザエが五個、トコブシが無数……。当たり前だけれど、みんなみんな生きているんだ、友達なんだ……。

最高のお土産を、ありがとうございました。

料理長の腕の冴え

この夜は、修業の最終日を祝って、夕方から東伊豆町在住の、旧知の仲間たちが集まることになっていた。

東伊豆町役場勤務で、元観光課に所属していたため、雑誌での旅の特集や旅行誌、ミステリー小説の取材などでお世話になっている梅原裕一。彼の元上司で、現在は農林水産課長として、さまざまな情報を提供してくれる高羽勇。温泉旅館の取材などでお世話になっている、東伊豆町観光協会事務局長の鈴木治久の三人だ。

まるで、その事実を知っていて、しかもぼくのカツオ好きを耳にしたかのように、午後三時過ぎ、『誇宇耶』に突然の宅配便が届いたのだ。

箱の中身はカツオとサンマだった。

送り主は、そばに関わる業界人なら、誰でも知っている名人、宮城県仙台市『たまき庵』店主の佐藤慎一。店の入口に貼られた「店主は気まぐれで毎日味が違います。それでも良かったら召し上がってください」の口上で、あまりにも有名だ。

以前、雑誌の取材の約束をして、東京を車で出発して、東北自動車道路の、浦和インターに入ろうとした途端に電話が入り、「きょうの取材、お断わりしたい」といわれて仰天したことがあった。

その話を師匠にしたら、「季節はいつですか」と聞かれ、「十月の上旬」と答えると、「それだったら茸狩りに行きたかったのでしょう」との答えだった。

取材よりも、いい食材を手に入れて、いい物を客に食べさせてあげるほうを選択したのだろう。

「同気相求む」「類は友を呼ぶ」という諺がある。

客に対するもてなしを、金科玉条《きんかぎょくじょう》として、そのための努力をいとわないという点で、佐藤と師匠とが一致して、こういった交流を生んでいるのだろう。

「カツオとサンマは、どう料理しましょう」

料理長が、ぼくの好みを聞いてくれた。

「カツオは刺身でお願いします。スライスした、ニンニク、ミョウガ、タマネギを上に置いて、ポン酢をかけてください。サンマは、鮮度は抜群ですが、刺身にするにはちょっと心配なので、軽くお酢で締めてください」

というわけで、午後六時、全員が集合し、運ばれてきたのは、カツオの刺身と、サンマの酢締め。料理長はさすが和食の料理人と唸らせるような、見事な腕の冴えで、盛り込みの真ん中に、大根を細工した牡丹の花を咲かせてくれていた。

「二、三日で、逃げ帰ると思っていましたけど、ちゃんと一週間、我慢できましたね」

体力に自信がなく、しかも何事にも淡白で、根気の続かないぼくの短所を知っている梅原が、そんな皮肉を言う。

「本当に、逃げ帰りたくなりました。腰はシクシクと痛むし、足はむくむし、厨房はうだるような暑さ……。でも、空気と水がおいしくて、皆さんの温かい人情に支えられて、続きました」

「そば打ちは、難しかったでしょう」

と、今度は、高羽。

「雑誌などを読んで、何回も予習してきました。イメージ・トレーニングはできていたんですけど、実際にやってみると、簡単ではないですね」

次に、鈴木が皮肉っぽく言う。

「お金をいただけるようなそばに、なりましたか」

「とんでもないことで……。あと、一〇〇回以上の練習が必要でしょう。ともかく、最終日のあしたのお昼に、私が自分で打ち、自分で茹でたおそばを召し上がっていただきます」

「それは愉しみです。では、一週間のご苦労をねぎらって、乾杯！」

最高のお酒、最高の料理、最高の仲間に恵まれて、本当にありがとう。

《最終日》

どうにか太さは揃った

この日は朝からうす曇りで、いまにも泣き出してしまいそうな空は、ぼくの心境を映し出しているようだ。

初日から一週間、毎日が晴天だったのに、いったいどうしてなのだろう。

午前七時三〇分、いつものように朝食の用意ができたことを告げる、女将からのモーニングコールが鳴り響く。

きょうの朝食は、ムロアジの開き干しに、目玉焼き、納豆……。

その朝食の膳を、運んできた女将に一言。

「おいしい朝ごはんを、一週間ありがとう。味噌汁の具が、一週間で毎日違っていたのが嬉しかった」

「いいえ、お粗末さまで申し訳ありませんでした」

荷物の整理などがあり、いつもより一時間遅れの、午前一〇時に店に出る。

木曜日は、定休日になるため、店には師匠の姿だけしかない。

さっそく、割烹着に着替え、精神を統一して、打ち場に入る。

きょうは一切、師匠のアドバイスを受けずに、打って、茹でることになっている。

まず、そば粉八〇〇グラムを、ボウルに入れ、二〇〇グラムの小麦粉を足して、一キログラムにする。

次に、小型のボウルに、四二〇グラムの天城深層水を用意して、準備万端。

粉を木鉢に入れ、全体の約三分の二の水を加えて、水回しに掛かる。

「水回しは、丁寧に、丹念に」

自分に言い聞かせながら、指先に神経を集中させる。

「練りは、生地に体重を掛け、三〇回……」

横に伸びた生地を、手前に畳み込み、体重を掛けて練る。

次が最も難しい、菊練りだ。

「一枚一枚を、内側に織り込んでいくイメージだった」

自分では丁寧にやっているつもりだが、思いどおりに、掌が仕事をしてくれなくて、菊の花びらが均一には咲いてくれない。

どうにか格好がついたところで、へそ出しをして、円盤状に仕上げる。

これで木鉢の仕事は終わるので、手をよく洗って、のしの作業に移る。

「地のしは、平均的に体重を掛けて、きれいな円盤にすること。そうそう、二時から八時の方向を、忘れないように」

たっぷりの打ち粉を振り、地のしに掛かる。

どうにか円形になったところで、丸出しだ。

「今度は二時から一〇時で、しかも乾燥しないように迅速に……」

ここは、約三分で完了する。

「次は、緊張する四つ出し。どうか、四角になってください」

祈るような気持ちで、生地を麺棒に巻きつけ、転がしては手前に引き、もう一度、転がしては手前に引くを繰り返す。

最後に、麺棒を四五度にして、そっと生地を解いていく。

まさに、緊張の瞬間だが、どうにか四角になってホッと一息。

ここまでいけば、本のし、たたみと、スムーズに流れていく。

そして、仕上げの切りになる。

「打ち粉を、たっぷりと振ろう」

自分に言い聞かせて、たっぷりと打ち粉を振る。

「切りは、集中力。上手く切ろうなどと考えず、ひたすら同じ幅に揃えることだけに集中しよう」

これも、自分に言い聞かせて、切り始める。

切ったそばを生舟《なまぶね》に入れて、そば切りは完成した。

最後の審判？

午後〇時三〇分、役場の梅原、観光協会の鈴木が、審査員として登場。農林水産課の高羽は、議会の準備のために身体が空かないとのことで、東伊豆町で食通として知られる、ブティック『イシヤ』店主の鈴木小里《こさと》さんが代わりに参加してくれた。師匠を含めて四名が、和室に揃ったところで、いよいよ茹での開始だ。

最初に打った、太めのそばが、茹で時間五五秒だったが、今回の三回目の挑戦で、やや細くなったので、勝手に五〇秒と判断する。

一人前は、一五〇グラムなので、一五〇×四＝六〇〇で、その分量を量って、ぱらぱらと、

真剣な審査員。左から鈴木小里、梅原裕一、師匠、鈴木治久の皆さん

これぞ記念写真。晴ればれとした心境だった

釜の対流に合わせて落とす。

四五秒が経過したところで、ざるを釜に入れてそばを寄せ集め、一気に上げて、揉み洗い用のざるに移す。

水を流しながら、よく揉み洗いして粉を落とし、冷水でもう一度洗ってから、ざるに盛り込む。

このあたりは、秒との勝負で、少しでも手順が遅れると、そばは急速に劣化してしまうのだ。

急ぎ足で、四人の審査員の待つ部屋に運ぶ。

「まあ、おいしそう」

真ん丸い目を、輝かせてくれたのは小里さん。

「素敵な鶯《うぐいす》色で、爽やかで、瑞々しく仕上がっています」

「ありがとうございます」

「これで、何度目のそば打ちになるんですか」

と、梅原が質問する。

「三度目です」

「本当に三度目ですか。それでこんなにきれいに打てるなんて、信じられません」

誇宇耶の皆さん。左から師匠、ご母堂、和子さん、美奈さん、料理長

「ありがとうございます」

　でも、梅原は誉め上手なので、本気で喜んではいけないと、自分に言い聞かせる。

「どうぞ、お召し上がりください」

「はい、いただきます」

　皆さん、いい音を立て、おいしそうに食べてくれる。

「いや、立派です。修業の成果が出ています」

「そばがおいしいのは、九〇パーセント以上、師匠がいい玄そばを見つけ、石抜きなどの下拵えから製粉まで、じっくりと手をかけたからです。打って茹でるのは、最後の一《ひと》手間にしか過ぎません」

「でも、素人が一週間で、これだけの形に完成するなんて、信じられません」

「師匠の、料理長の、そしてスタッフの皆さんに恵まれたからです。新装開店のときは、皆様を招待いたします」

「それは、いつ……？」

「一年後、二年後、あるいは一〇年後になるかもしれません」

それにしても一週間、伊豆の空、伊豆の海、伊豆の山、伊豆の幸、そして東伊豆町の皆さん、お世話になりました。

第四章　転職成功者、かく語りき

《気概を持って、五五歳からの心機一転》

『手打そば 百丈《ひゃくじょう》』（埼玉県川越市）

鈴木壮夫《そうふ》

高僧の名に由来

川越市役所のすぐ前に建つ、まさに古色蒼然とした奇妙な建築が『百丈』の店舗だ。銅板ぶきのこの建物は、昭和初期に釣具店として建てられた木造三階建てで、関東大震災後に東京下町を中心に多く建てられた、商人の粋《いき》と見栄を象徴する建築様式だ。

店名の由来は、中国の唐代の禅僧、百丈懐海《ひゃくじょうえかい》（七二〇～八一四）からで、この高僧は、権力におもねらず、特定の信者から経済的支援を得ることなく、自ら耕し、自ら食い「一日作らざれば、一日食らわず」という精神を貫いたと評され、店主の鈴木は、その考えに感銘してつけたという。

現在、この店を切り盛りしているのは、六四歳になる鈴木、妻・美恵子、長女・千世《ちせい》、長男・亮。パートも含めて、全員が当事者意識で成り立っている店なので、お互いにファーストネームで呼び合い、給料も一律、時給一〇〇〇円と決められているという。

店内に入ると、平成十一年（一九九九）に「国の登録有形文化財」に指定されたという、物々しい外観とは似つかないような、明るい内装、家庭的なもてなしに、ほっと人ごこちつく感じだ。

窓から明るい日差しが差し込む、木のぬくもりを感じさせる席に腰を下ろし、メニューを手にする。〝冷たいそば＝もりそば、十割そば、高遠《たかとお》そば、おろしそば……。温かいそば＝かけそば、天ぷらそば、鴨南そば、にしんそば……〟。

さて、何にしようか。この、しばらくの迷いこそが、平日の午後をそば屋で過ごすときの、ささやかな贅沢ではないだろうか。

卒サラして修業

鈴木は、昭和十六年（一九四一）、東京の千駄ヶ谷《せんだや》で生まれるが、戦禍の厳しい東京を離れて父の故郷である、現在の宮城県栗原市に疎開する。その後、仙台市で育ち、東京の大学を卒業後、自動車部品会社に就職するが、父親が急逝したことで、仙台市内に戻り父親の製麵業を継ぐ。

やがて、昭和四十四年秋、再び上京し、翌年六月、総合商社『トーメン』に入社、鉄鋼部門の営業マンとして勤続する。

「日々の仕事は、製鉄会社のインサイダー商社として主体性が取りづらく、〝虚業〟と感じていました。北京駐在から帰国した昭和六十年代、国内はバブルの熱気に充満していましたが、五五歳の役職定年を前にして、会社という組織に頼らずに、新しい人生に挑戦したいと考えていました」

まず選択肢として挙げたのが、不動産鑑定士、鍼灸《しんきゅう》師、日本語教師などだった。ただし、その職業について調べれば調べるほど、資格を取るまでに時間が掛かりすぎるという現実を知り、自分の年齢からの転身では遅すぎるということが判明する。

そんな折り、新聞で読んだ「福島県耶麻《やま》郡山都《やまと》町で〝新そば祭り〟」の記事が、脳裏に残っていたこと、妻の美恵子が、会津駒ケ岳に登った帰りに立ち寄った店で、同じように〝新そば祭り〟のポスターを目にしていたことが重なる。

考えてみれば、一時期、父親の後を継いで、仙台市内で製麵業をしていたこともある。そば屋ならできるかもしれない。そう思った鈴木は、近くを流れる入間《いるま》川の土手を、妻と一緒に散策中、「そば屋をやりたい」と相談すると、〝自己チュウオヤジ〟と、日頃から罵っていた妻は一言《ひとこと》「金は銀行から借りればいい」と、前向きな即決即断を下したのだった。

平成八年（一九九六）三月、『トーメン』を〝卒サラ〟し、身辺の整理を済ませ、山都町役場の企画課に「修業をしたい。五五歳になるが、修業を受け入れてくれる先を紹介してもらえないか」と問い合わせると、数日後に『蕎邑《きょうむら》』の小澤章を紹介された。

さっそくに、妻を伴って出かけてみると「いつから来られますか」「いつから……？」「すぐでも、いいですよ」「五五歳ですが、大丈夫ですか」「そば打ちは、あなたの感性と努力です。年齢は関係ありません」。

山都町は、会津若松市の北にある、蔵の町として知られる喜多方《きたかた》市の西隣の小さな町。JR磐越西線で、喜多方の次の山都で下車すると、駅の周辺に〝会津山都そば〟と染め抜いた幟《のぼり》が、何本もはためいている。

かつては山奥の寒村地帯だった山都町が、町起こしのために昔からの郷土食だったそばに着目して、広く広報活動を続けた結果、いまでは山都のそばは、会津の名産と呼ばれるほどに知名度を上げた。その活動を推進させたのが、地元の旅館の後継者で、商工会議所の青年部長をしている小澤だったのだ。

そば通《つう》の間で、聖地とまで言われるようになったここのそばは、田舎そばにしては珍しく、白く細くて気品を漂わせている。それというのもこの地方では、ふだんの生活では、そばがき、そば焼き餅、そば田楽、そば団子汁などにして食べ、冠婚葬祭などの行事のときだけそば切りにして、酒の肴として供したという歴史を持つ。

だから、いまでもそばを打つのは女性が多く、〝裁縫とそば打ちができぬ者は、嫁には行けぬ〟と言われたほどだ。

打ち方は、つなぎを使わないそば粉一〇〇パーセントで、昔から湯ごねと呼ばれる、熱湯を使った方法を継承してきた。

従業員がそっぽを向いた

平成八年八月、五五歳で転身し、店の二階に住み込んで修業の身となった鈴木の日課は、まず朝の四時半に起きることだった。

前の日に、主人の打ったそばを車に積み込み、午前五時、四〇キロほど離れたゴルフ場に配達するために、ハンドルを握った。

帰ってくるのは、午前七時頃で、それからは主人がそばを打つのを眺め、質問を向け、手伝いをする。

主人のそば打ちが終わると、女性従業員とともに、ネギを刻んだり大根をおろしたりといった仕込みや、店内や周辺の掃除をして、午前一一時の開店の準備をする。

店が開店すると、皿洗いなどを手伝い、午後四時くらいに客が切れるのを見計らって後片付けをして閉店。翌日に届ける、注文のそばを包装して、午後六時から七時頃に仕事を終えるというスケジュールだった。

「素人っぽくて、一生懸命さが伝わってくる店が理想」と語る

　やがて修業も一カ月が経ち、季節も秋めいてきた頃「そろそろやってみますか」と、主人から声を掛けられた。

「一般的には、一・五キロから二キロくらいの量を打つのですが、素人のわたしは、まず五〇〇グラムのそば粉をもらっての練習です。修業に来てから一カ月間、毎日、主人の打つのを見て、それなりのコツを教えてもらっていたので、どうにか打てると思っていましたが、甘い考えでした」

　店には三人の女性従業員がいて、鈴木の打ったそばは、当然のように従業員の賄いになるとばかり思っていたが、美味くないという単純な理由で、誰も食べようとしないのだ。

　約五人前のそばは、一人では到底食べられる量ではなく、かといって捨てるわけにはいかないため、仕方なく宅配便で自宅に送ったという。

やがて二週間ほどして、あらためて従業員に試食してもらうと、ようやく合格という結果が出たが、やはり主人のとは違うという意見が多数を占めた。いちおうは合格のその日からは、一キロの量を打つことを許されたが、従業員が進んで食べてくれるわけでもなく、相変わらずせっせと、家族、親戚、友人などにそばを送り続けたのだ。

友人の励まし

〝食うた餅より、心持ち〟という諺がある。物を貰うことは、その物よりもくれた相手の気持ちがありがたいという意味だ。最初のうちは、会津から送られてくる手打ちそばは、郷愁もあり珍しくもあり、なおも単身で修業中の夫・父親が送ってくるとなれば、家族もありがたくいただく。

しかし、それが度重なれば話が違ってくる。しかも、九月を過ぎ、十月、十一月になっても、特別の進歩が窺われるわけでもない。

「最初は喜んで手紙をくれていた妻も、家族も、友人も、首をひねり始めたのがよく分かるようになりました。進歩もないまま、こんなことを続けていていいのか。商売になるのか、プロとして成り立つのか。開業となれば、数千万円の資金を必要とするが、それを返済することができるのか。思い悩むことと、立ったままでの長時間労働のお陰で、体重が六キロも落ちました」

十一月の祭りで、懸命にそばを打ったが、進歩していない自分に気づく。

「主人の打ったそばは、しっとりとしているのに、ぼくのはまるで素っ気ない」

弱気になり、自信を失い、どうしたらいいのか必死でもがいていた鈴木だったが、初雪の舞う十二月に、妻からの手紙が届いた。

鈴木の高校時代の同級生で、自分でもそばを打つ、そばにうるさい男から電話があったという。同級生は、送ってもらったそばを食べたところ、「さすがはプロの味。これなら大丈夫」と、太鼓判を押してくれたのだとか。

鈴木は、妻からの手紙を何度も読み返しながら涙をこらえ、これを励みにして、なおも修業に邁進《まいしん》することを決意したという。

やがて年が明けた平成九年一月、主人の小澤に呼ばれる。

「もう修業は、いいでしょう。あなたは充分に、プロとして通用するそばが打てるようになりました」

修業期間を一年と考えていた鈴木への、主人の言葉だった。

「そばを打てることと、そば屋を経営することは別問題です。でも、あなたは商社時代の経験で、経営面は分かっているでしょう。ここで、そば打ちの基礎を習得したのですから、もう大丈夫です」

一生懸命な店

川越に戻った鈴木は、開店に向けての活動を始める。

まず念頭に置いたのが、店舗探しで、結婚してから妻の実家のある川越に住んできた鈴木にとって、貴重なのは妻の人脈だった。さまざまなコネクション、紹介、アドバイスなどを受けながら、店舗探しを続ける。

それに伴って、東京をはじめとする、関東一円の名店を食べ歩いてのリサーチ。

同時に、せっかく修業で身に付けた技術が、自分の身体から離れないようにするため、毎日欠かさずにそばを打ち、友人知人に評価してもらっていた。

そんな折り、平成九年の暮れ、市役所前の建物が三〇〇〇万円で売りに出ているのを知る。だが、その金額では資金的に無理と諦めていたところ、吉報が舞い込んできた。妻の友人で、川越の町起こしに熱心な、食料品卸商経営の田中利明が、建物を買い取り、店舗として貸そうという提案があったのだ。

こうして平成十年六月二十日、卒サラしてから二年目の初夏、鈴木は五七歳で『百丈』を開店させる。

「大切なのは食材。いい食材を使って、ごまかしのない仕事をする。それでだめなら諦めるしかないというのが、『蕎邑』の主人から教わったこと。もともと料理人として修業を積んだわけではないので、料理の技術で客を圧倒するという気負いはなく、一番いいという食材に頼るしかないという意味もあります」

そば粉はもちろん、鰹節、醤油などの調味料も、最高級品を使っている。

玄そばは、山都町の生産農家のリーダー的存在である鈴木勝《まさる》から、必要な分を石臼製粉して送ってもらっている。

さて、お薦《すす》めのそばはというと、高遠そばだ。

いまから三五〇年ほど前、信州の高遠藩主だった保科正之が、山形県の最上《もがみ》藩を経て、会津二三万石の城主となった。このときに、高遠町のそばの打ち方と食べ方を、地域に啓蒙したという。

その食べ方は、大根おろしの絞り汁に醤油を加えたつゆで食べることで、淡白なつけ汁のために、そばの風味がそのまま味わえる。また大根の辛味には、そばのこしを強くして、歯応えや舌ざわりを良くする作用もあるのだとか。

最後に、『百丈そばのみ新聞』からの記事を抜粋してみよう。

〝一月三日より店頭・店内に「本日はつなぎ粉一割弱入れてそばを打っています」という張紙を毎日掲示しております。そば切りでそば粉本来の風味と香りを味わうには「十割」「外二」「二八」と江戸時代より伝承されたそば打ちが各種あります。店主が修業した会津は「十割」関東は「二八」がそれぞれ主流です。昨秋新そばとなってから当店では「十割」のみを提供してまいりました。しかし十二月中半《（ママ）》以降のカラカラ天気と店主のそば打ち技術の未熟さにより打ちあがった「十割」そばは長くても茹で上げると短く切れることが多くなりました。そこで毎朝その日のそば粉や天候を考えてそばを打っています。いわゆる「外二」です。「十割」に戻る日もあるかもしれませんが、どうぞ店頭・店内の張紙にて当日のそば切りをご賞味ください〟

愚直なまでに、真摯《しんし》な姿勢を貫いている、鈴木だからこその面目躍如という文章だ。

「商社時代からよく食べ歩いた好きな店は、どこか素人っぽくて、一生懸命さが伝わってくるような店でした。わたしはここを、そんな店にしたいのです」

どうやら鈴木は、ただの凡俗な〝自己チュウオヤジ〟ではなく、強い信念を貫く〝夢見るオヤジ〟のようだ。

『手打そば　百丈』　埼玉県川越市本町1・1・15　☎049・226・2616

《売れっ子デザイナーからの転身》
『遊山《ゆさん》』(東京・学芸大学)
上野久雄

コンピューター嫌い

「そば屋とは書かないでください。カウンターに居座られて、そばを何枚も食われたら、常連さんが食べられなくなる」

「では、どんなキャッチフレーズにします?」

「……、酒の飲めるそば屋」

店主の上野久雄は、人一倍の繊細な神経を持ち、人一倍の照れ屋で、それを探られたくないために、意図的にぞんざいな言い方をするタイプらしい。

とくに、電話は苦手なようで、あまり商売に向いている人ではないと思っていたら、やはり根っからの職人ともいえる、デザイナーだった。

昭和二十四年(一九四九)に東京の千住《せんじゅ》で生まれ、都立工芸高校を卒業後、家電メーカーのデザイン部門に就職。その後、昭和四十八年に独立して、デザイン事務所を設立した。

時代は、高度経済成長の流れを引きずり、テレビの歌番組では「どうにもとまらない」と毎日歌われ、午後八時からのお笑い番組では「チョットだけよ」の台詞《せりふ》に子供たちは無邪気に笑い、母親たちは渋い顔。宝塚ではベル・ばらブームで、庶民たちの夢は、大型冷蔵庫に、エアコン、マイカーだった。

「たとえば、ソニー一社のラジカセ製品だけでも、一〇種類くらいあった」

というから、主に工業デザイン、同時にパッケージデザイン、グラフィックデザインなどを手がける上野は、まさに引っ張りだこの売れっ子だった。

ただし、コンピューターの出現で、時代は少しずつ変化を見せ始める。

「マックを導入したのはいいけど、あれはまさに金食い虫。クライアントのバージョンアップに、こちらも合わせなければならない。もともと、コンピューターが嫌いだった上、自分ですべてをやらないと気がすまない性格なので、部下が育たない。納期を遅らせるわけにはいかないから、一人での徹夜仕事になる」

仕事のストレスは、酒で紛《まぎ》らわせることになる。

その当時、東急東横線の新丸子《しんまるこ》駅近くに事務所を持っていた上野は、すぐ傍にあったフグ料理店『さか井』の主人、酒井ひろしと懇意にしていた。

ふらっと寄って酒を飲んだり、クライアントを連れて宴会を張ったりしていた。

しかし、客の立場だけでは満足できない上野は、趣味が高じて、ときどき割烹着姿で厨房に入るようになった。

石橋を叩いて渡る

「若い頃から、飲食店に興味があったので、魚の扱い方、だしの取り方など、和食の基本をこのときに教えてもらいました」

それだけでは飽き足らず、上野は厨房の片隅でそばを打つようになり、宴会の客などの締めに、そばを出すようになったのだ。

といっても、そば打ちは自己流。元々、両親の実家が、そばどころの会津の喜多方だったため、二〇代の頃から見よう見まねで打っては、田舎の実家に帰ったときなどに振舞ったりしていたという。

そうこうしているうちに、『さか井』の常連客が、上野のそば打ちの腕を認めてくれて、こんな提案をしてくれた。

「ぼくの持っている、学芸大学駅に近い店が、いま空いている。よかったらそば屋でもやってみないか」

悪くない提案に、上野は興味をそそられるが、しばらくの猶予がほしいと答える。そのあたりが上野の神経の繊細さであり、職人たる所以《ゆえん》である。

一般的に、横文字の職業は、お洒落《しゃれ》で格好いいと思われがちだが、一般人のイメージと現実とは、まったく異なることが多い。

フォトグラファーは、美人のモデルを相手に、冗談を言ってリラックスさせてシャッターを切り、高額なギャラをもらうと思われているが、そんなのは一〇〇人に一人くらいの大御所だけ。たいていは、重い機材を担《かつ》いで、都内や地方を走り回っている。

現代の花形のダンサーも、肉体を酷使してレッスンに明け暮れ、プロになれるのは、特別の才能があるか、特別のコネがあるわずかの人間だけ。

テレビのプロデューサーの主な仕事は、制作費の調整で、ディレクターはタレントのお守りが最優先、スタイリストの仕事は、ファッションメーカーから服を借りて返すことで、メイクアップアーティストも、昔流に言えば化粧係だ。

デザイナーの仕事も、才能の閃きよりも、基礎デザインに沿ってどう形を整えていくかの地道な仕事なのだ。

とくに工業デザイナーは、ロダンやピカソ、アンディ・ウォフォールなどの芸術家ではない。どんなに独創性にあふれるデザインでも、見た目が悪かったり、使い勝手が悪かったり、輸送に不便では採用されないため、つねに試行錯誤が要求される。

大胆そうに見えながら、いつも細心の注意を払い、石橋を叩いて渡る上野は、店を開く前、デザインを起こすときと同じように、きちんとした計画を立て、シミュレーションを行なってみたのだ。

二足の草鞋《わらじ》

夜だけの営業だった『さか井』の主人に、カウンターだけでも昼の時間に使わせてもらえないかと相談すると、酒井は二つ返事で快諾してくれた。

そこで昼間、自分の打ったそばを客に提供し、立ち仕事に身体は耐えられるか、そばで金を取ることができるかを模索したのだ。

半年間の経験で、どうにかやっていけるという自信が持てたところで、店を構える気になった。

「ところが現実に店を見てみると、前に入っていたラーメン店が乱雑だったのか、店内は油だらけで、床などの木材部分は腐っている。どうにか手を入れて、平成七年八月八日に開店に漕ぎ着けました」

しかし、開店してからもなお、デザイナーとの二足の草鞋の生活は続いていた。クライアントの契約を、勝手に切ることができないため、昼はデザイナー、夜は板前という生活を三年間続けた。

「このままだと、死ぬかもしれないと思っていたところを、デザイナーの仕事を友人が引き継いでくれた」

ある日の『遊山』のメニューを紹介しよう。


【秋の特選】

江戸前・小柴　秋鯖の酢〆　一二〇〇円、山口　白イカのお造り　九〇〇円、三陸　カキの天ぷら　一二〇〇円、江戸前・竹岡　活〆穴子の白焼き　一一〇〇円、岩手・南昌豚　黒豚の鍋（白菜・天然舞茸）　一二〇〇円……。

【本日のそば】

十割そばせいろ　九〇〇円、ごませいろ　一二〇〇円、きざみそば　一二〇〇円……。

【日本酒】

緑（新潟）　九〇〇円、開運（静岡）　八〇〇円、〆張鶴（新潟）　六〇〇円。


その中の、何品かを注文して、上野の吐いた「このままだと、死ぬかも……」の言葉が、決して大袈裟ではないことを知るのだ。

二足の草鞋を脱ぎ、ようやく“納期”から解放された

その理由は簡単で、上野の辞書には〝手を抜く〟という言葉が存在しないからだ。

たとえば、白イカの刺身は、まず漆黒の皿を選ぶことで、イカの白さを際立たせ、それにキュウリの緑がバランスよく色を添え、優美な曲線に盛り込まれたイカには、小指の先ほどの大きさにピンクの花を咲かせた、山椒の小枝が添えられる。

これぞまさに、手を抜くことなく、繊細な感覚と、熟練した感性とで、考え抜かれてデザインされた仕事なのだ。

デザイナーは、アーティストである。画家、彫刻家、作家、それにスポーツ・アスリートなどと同様、結果がすべてだ。結果が優《すぐ》れていれば、高い評価を受け、結果が無残であれば、唾棄されることもある。

しかも、結果について、一切の言い訳が利《き》かない。昼はデザイナーとして、夜は板前として、妥協が許されず、言い訳が利かない仕事を続けていたら、まさに心神耗弱《こうじゃく》の状態を招いていたかもしれない。

魚に聞くことが基本

上野はいま、茨城産のそば粉を使い、十割で打っている。

「十割で、つながるのかと聞かれるが、簡単につながる。ぼくのやり方は、粉の中央に水を入れて、まずぐるぐるとこね回す。そうすると、そば粉のグルテンが出てきて糊状になるので、その糊で全体の粉をつなげていけばいい」

本人は簡単そうに言うが、これもデザインと同様に、長年にわたる熟練が必要だろう。

また茨城産の、常陸《ひたち》秋そばは、評価も高ければ値段も高いため、なかなか手に入らないが、これもまた上野の人徳なのか、常連客の一人が「うちの実家のでよければ、回すように言っておく」と言ってくれ、一週間ずつ、製粉して送ってもらっているという。

「昔は、夏にそばは食うなと言われたけど、いまは農協の保存状態が素晴らしくよくて、冷蔵で輸送してくれるので、そんなに悪くはない」

デザイナーとして売れっ子だった時代から「納期のある仕事から逃げたい！」と切望して

いた上野の店は、今年の夏で、開店一〇周年を迎えた。

これまでの順風満帆を感謝しながら、いままさに、板前として、そば打ちとして、脂《あぶら》が乗り切っているときだろう。

そこで、もっとも核心を突く質問を向けてみる。

高校を卒業して、日本料理の修業に入った根っからの板前と、デザイナーから転身した自分自身を比較して、料理の仕上がりなどに対する不安はなかったのか。

意地の悪い質問に、上野は苦笑いを浮かべる。

「板前もデザイナーも、基本は同じ。魚を前にしたとき、この魚はどうデザインされたい、あるいはどう料理されたいと思っているか、それを魚から聞くことが、すべてですから」

ただし、四六歳のときに転身した上野は、これから転職する人に、一言だけアドバイスがあるという。

「やるんだったら、四〇代の前半まで。遅くに始めるほど、身体が言うことを聞かなくて苦労する」

苦労を承知でもぜひという方は、挑戦してみるといい。

『遊山』　東京都目黒区鷹番2-19-3　☎03-3715-0461

《開店五年目の憂鬱》

『手打蕎麦 しのはら』（東京・大森）

篠原正宏

三五歳で見習いに

昭和三十五年（一九六〇）一月三日、二人兄弟の次男として、東京・洗足《せんぞく》に生まれた篠原は、日本経済の高度成長の波に乗って育ち、バブル経済全盛期に大学を卒業する。

まさに売り手市場だった就職戦線で、選んだ企業は、デザイン用品専門商社の『いづみや』。当時は、単に品物を売る時代から、よりデザイン性の高い企画商品を売る時代へと急激に変化していたため、デザイナーなどを顧客にする篠原は、多忙な毎日を送っていた。

東京で五年間を過ごし、その後名古屋営業所に配属されるが、そのうちに、お決まりのマック旋風が、デザイン、印刷関係企業を席巻する。時代の流れについていくのも大変だし、手に職を付けるにしても、何をしたらいいのか判別できないまま、篠原は一〇年間勤めた会社を辞め、名古屋から伊勢湾に向かって突き出した、知多《ちた》半島の突端にある、南知多町にアパートを借りて住み始める。

「釣りが好きだったので、釣り三昧《ざんまい》の生活をしたかった」

退職金と、失業保険、ときどき声を掛けてくれる運送店からの引越しのアルバイトで食いつなぎ、結局一年半も、海辺での気ままな暮らしを続けたという。

ある意味で豪胆な生活をしながら、手に職を付けるのなら、食べるのが好きで、とくに寿司とそばに目がないことから、どちらかの店に修業に入ろうかと漠然と思っていた。

そんな折り、東京での会社員時代に気に入っていた港区白金のそば店『利庵』で、求人広告が出ていたという情報が、友人から届いた。しかし、三〇代に入っている自分など、受け入れてくれないだろうと考えた。

「電話で年齢を聞かれて、正直に答えたら断わられそうなので、アポなしで直接、店に向かったら、予想どおり主人は会ってくれなかった。しかし、奥さんが対応してくれて、主人同士が親しい、江東区森下の『京金《きょうきん》』を紹介してもらい、三五歳で修業に入りました」

三五歳で、若い見習いの子と一緒の修業は、辛くはなかったかという質問に、篠原はあっけらかんと答える。

「自分は、手先が器用だという自信があったし、実際、すぐに一人前にそばが打て、まともにそばが切れて、客にも出してもらえるようになりました」

しかしそば屋というのは、そばを打つだけではなく、接客もこなさなければならない。そこで篠原は、第一の壁にぶち当たる。

「『京金』は繁盛店なので、お客さんがひっきりなしにやってくる。お食事の人、軽くお酒を飲まれる人などが、昼から夜まで続きます。お客さんの順番、注文の順番などを把握できても、身体がスムーズに動かない。そんなときに、お客さんに叱られたりすると、もう頭がパニックになってしまいました」

再修業

接客よりも、料理の技術を磨くことにしようと思った篠原は、やがて『京金』にいた先輩が、江戸川区船堀の割烹料理店に移ったのが縁で、その店に入って日本料理を覚えようとする。

『京金』は、ほかのそば店と比べて、酒の肴のメニューが多かったが、それを作るときの包丁の使い方などの、基本的な技術をマスターしたいと、常々、思っていたから気合を入れて修業に臨んだのだが、これが予想以上に難しかった。

「料理法が、焼く、煮る、蒸す、揚げる、茹でるとさまざまで、魚や野菜などによって異なる。しかも料理の段取りも、考えているよりも先に身体が動かなければいけない。覚えることもたくさんあって、目の前で機敏に働く若い職人さんを見ていたら、これはいまからでは

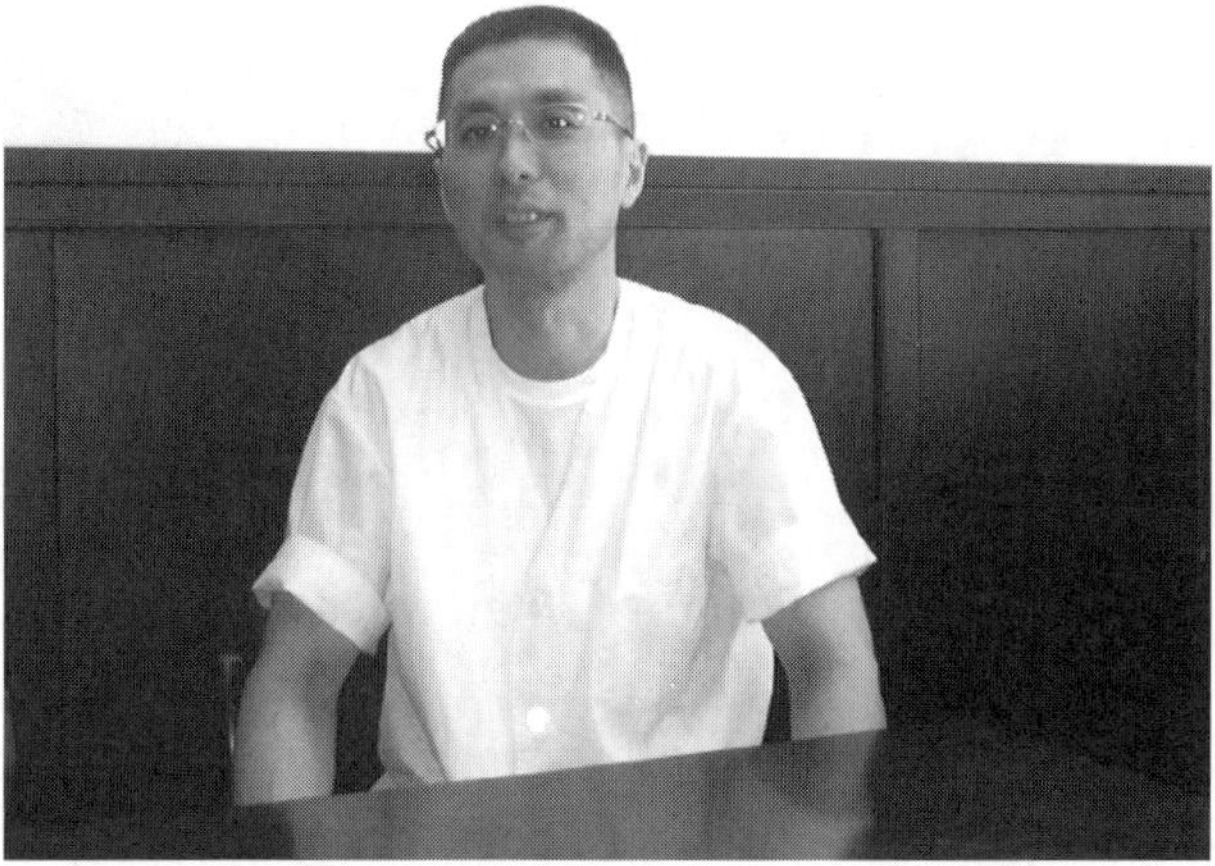

一年半、釣り三昧の生活をしたあと一念発起

遅いと気づきました」

そうこうしているうちに、体調を崩し入院、ベッドの上で考え、退院して自宅で考えたのは、原点に返って、もう一度そばを勉強しようということ。当時、日本国内にそば旋風を巻き起こしていた、山梨・長坂町『翁』に、高橋邦弘を訪ねるが、人気沸騰の高橋には、すでに弟子入り希望者が一〇人以上も、順番待ちの列を成していたという。

そこで、かつて高橋の下で修業を積み、伊豆半島の南端にある松崎町で、平成二年から開業している『小邨《こむら》』の小林興一を訪ねた。

午後四時過ぎ、田園風景のなかにポツンと建っている店の前に立ち、何度も呼び鈴を鳴らして、やがて出て来た小林に、修業したいという気持ちを伝えると、「今のところは人はいらないが、空いたら電話します」との答えだった。

待っていようか……と思っているところに、北海道砂川市内で『ホルモン・たつみ』という焼肉店をやっている学生時代の先輩から、手伝いに来てくれないかという連絡が入り、北海道へ。

北海道にいるとき、ようやく小林から実家に電話があったことを知り、急きょ松崎町に向かい『小邨』での本格的な修業に入った。

「師匠の小林さんは、すべての仕事を隠さずに見せ、自分で盗め、疑問点があったら、自分で考えろというタイプで、ああしろこうしろと指図をする人ではなかった」

物事にはすべて、意味があり、道理がある。テーブルの並べ方、掃除の仕方、客への対応の仕方、皿の位置、ざるの位置など……。口で教えるよりも、自分の身体の動きを見て理解しろという人だった。

謹厳実直、正確無比、無言実行を絵に描いたような人物で、「あの小林さんの下で、三年間やれたのは、たいへんいい経験でした。現在の自分の支えになっています」と、篠原はきりりと口もとをむすぶ。

ひととおりの仕事を覚えると、仕上げの意味を込めて『翁』の手伝いをしながら、独立するための物件を探した。

そこで、「これだ！」と行き当たったのが、現在の店舗だった。

客の喜ぶ声が聞きたい

「建築年月日は、はっきりとしないんです。でも、建物の中央にドンと備え付けられていた、重さが二トンもある金庫に、昭和二年と書いてありました。しかも、建築に詳しい人によると、土台を築き、金庫を真ん中に置いて重心を取り、その上で建築したようだというので、結局昭和二年頃の建物ではないかと思います」

空き家の状態が長く、住居ではなくて、会計士や司法書士などが雑居する事務所として使われていたため、手入れが悪くて、天井や床はぼろぼろだったとか。しかし、そのレトロな雰囲気に、篠原も建築デザイナーも感激し、圧倒され、かなりの改装費用を掛けて、平成十三年十一月二十二日にオープンに漕ぎ着けた。

開店当時、二度ほど立ち寄ったぼくの印象では、店のインテリアも、そばも、料理も及第点で、一つだけ不満だったのが、献立が少ないことだったが、最近それを見直したのか、開店当初の倍くらいのメニューになった。

【冷たいお蕎麦】
もり　七五〇円、辛味おろし　九五〇円、つけとろ　九五〇円、鴨汁笊《ざる》　一五五〇円、穴子天ぷら笊　一六〇〇円、天ぷら笊　一六〇〇円。
【温かいお蕎麦】
かけ　八〇〇円、玉子とじ　九五〇円、やまかけ　一〇〇〇円、花巻　一一五〇円、鴨南蛮　一六〇〇円、穴子天ぷらそば　一六五〇円、天ぷらそば　一六五〇円。
【おつまみ】
焼味噌　三〇〇円、わさび醤油漬け　三五〇円、出汁巻　六五〇円、鴨ぬき　九五〇円、天ぷらぬき　一〇〇〇円。
【お酒】
日高見　辛口本醸造（宮城）　六五〇円、水芭蕉　純米（群馬）　七五〇円、山法師　純米（山形）　八五〇円。

この定番メニューに、季節メニューが加わったことも、店の魅力を盛り上げている。季節のそばとして、秋冬限定で提供している、きのこ汁笊一三〇〇円と、きのこそば一三五〇円だ。

ひらたけ、しめじ、まいたけ、なめこ、しいたけ、えのき、きくらげをかけ汁に入れて一煮立ちさせ、三つ葉と黄菊を添えたものだ。

濃厚なきのこのだしが、瑞々しくて、すっきりと角の立った、細打ちのそばと見事なまでの調和を見せている。

「でもずっと、ロスが多くて、すごく悩んでいるんです」

と、篠原は神妙な表情を見せる。

「きれいに切れない」と、胸のうちを告白する。

「お客さんに出した瞬間に、わあおいしそうというお客さんの声を耳にすると、そば打ち冥利《みょうり》に尽きますね。そのために、きりっとした気品のある、きれいなそばを打ちたいのですが、上手くいかないのです」

包丁を握る角度、包丁を落とす方向、足の位置、腕の向き、切るときのリズムなど、試行錯誤して、考えれば考えるほど分からなくなり、途方に暮れてしまう毎日。切ったそばに自信が持てず、客に出せなくて捨てることも少なくないという。

かつて、三五歳で『京金』に修業に入り「そこそこにそばが打て、まともにそばが切れて……」と思ったが、『小邨』ではあらためて基本に戻って修業した篠原に、料理人として一〇年目、独立開業して五年目に入り、ついに訪れた試練なのだ。

プロ野球選手に譬えれば、分かりやすい。

入団してから、まず直面するのは、二軍から一軍に上がるための試練、そしてレギュラーになるための試練、続いて、レギュラーを維持するため、三割打者になるためと、試練は何度も訪れる。

試練のときが来たことを知り、それを乗り越えようとすることで、多くの人は一皮剝《む》け、ステップアップして、一流に近づいていくのだ。

年が明け、長い冬が終わり、梅の便りが届く季節になると、もう一皮剝けた篠原の、春めいた爽やかなそばを口にすることができるだろう。

『手打蕎麦　しのはら』　東京都大田区大森北4・13・19　☎03・3764・3851

第五章　「そば屋」の歩き方

訪ねる価値のある店

自分で店を開こうと思ったら、大切なのは、なるべくなら名店と評価の高い店を食べ歩き、名店たる所以《ゆえん》をじっくりと観察することだ。

多くの場合、味が良いだけではなく、名店らしい風格、情緒、雰囲気などを必ず兼ね備えているはずだ。

自分が出店するのは、小型店だからと、その規模の店を見て回るだけでは充分とは言えない。大規模店にも中規模店にも、名店と評価される店には、必ず客を引きつける魅力が潜《ひそ》んでいるものだ。

だからといって、名店ばかりを食べ歩けばいいというものでもない。というのも、あまりに洗練されすぎて、気軽には通えない店の場合もあるからだ。

また、マスコミには紹介されたことがないが、ふらっと立ち寄ったら、なかなかの味だったということもある。そんな望外の喜びに出会ったとき、食べ歩きの醍醐《だいご》味を感じるのだ。

店というのは、簡単な方程式で解き明かすことはできない。人間が経営して、人間が訪れるものだから、さまざまな不確定要素が含まれる。

「そばはあまり美味くないけど、女将のもてなしがいい」

「酒肴が揃っているから」

「器の気品が、自分の好みに合っている」

「庭の景色がいい」

「そばの量がほどよい」

ほかにも、人を引きつける、あるいは人に敬遠される要素は際限なくあることだろう。

幸いなことにぼくは、ふらっと一人旅で、あるいは取材旅行で、日本全国を回って、そば屋を食べ歩く機会に恵まれた。都内や近郊にある噂の店は、暇を見つけては、車を飛ばして訪ねてみた。

評判どおりの店もあれば、期待外《はず》れの店もあった。期待外れの店は、その日の粉の状態が悪かったのか、店主の健康状態が優れなかったのか、ひょっとしたらぼくの感性に、不具合があったのか、などと考え、もう一度、その店を伺ってみる。期待どおりの店はいいとして、首を傾げた店には、最低二度、訪れることを、食べ歩きの鉄則にしている。

というのも、店の側にも、前述したように、さまざまな言い分がある。つねに完璧な状態の環境で、最上の料理を提供できるとは限らない。訪れたぼくの側にも、自分の精神状態や体調が充分でないため、正確な判断ができなかった可能性もある。それを、たった一度だけ来て、批判されたのでは、店にとっては敵《かな》わないだろう。

ここでは、食べ歩いて分かったこと、食べ歩かなければ分からなかった事実などを、ざっと記すことにする。皆様の参考になれば幸いだ。

いい店を選ぶ七カ条

馴染《なじ》みのない街へ行ったとき、あるいは初めての土地を訪れたときに、美味いそばを食べたいと思ったら、最善の方法は、本や雑誌などで情報を収集することだ。

ただし情報誌でも、それなりの基準がある。著者、あるいは監修者の氏名が、明記されていて、なぜその店を選んだかの、評価の基準を明快に記してあることだ。

そのあたりを、公表していない情報誌は、〝広告誌〟〝PR誌〟などと呼ばれ、情報誌に掲載することで、店から協賛金などと称する広告代を徴収していることが多い。そのため、どうしても店を持ち上げる内容の記事になり、情報に対する信頼性が薄くなる。

もう一つ、インターネットの情報を収集するという方法もある。しかしこれも、あまり信用できない。というのも、インターネットに公開される情報は、あくまで個人的な価値観によるもので、情報の発信源である人物が、どれほどそばに造詣《ぞうけい》が深いかは、公開されていない。つまり、玉石混交《ぎょくせき》なわけで、信用できる情報を選択するのは、かなり難しい。

最後に頼れるのは、自分自身の感性ということになるだろう。

まず、店の前に立ったら、

☆一、暖簾を観察する。

飲食店にとっての暖簾は、自分自身の顔のようなもので、これを粗末にする店に、ろくな店はない。汚れているなどは論外で、風に吹かれて片寄っている店も、店主の神経が行き届いていないことを象徴している。

ぼくの贔屓《ひいき》の店は、つねに洗濯した暖簾が、颯爽と風にはためき、冬は暖かそうな、紺色の厚手の木綿生地を使用し、夏は涼しげな、生成りの麻生地を使っている。

暖簾を眺めたあとは、

☆二、全体の店構えを、少し離れて見渡してみる。

店構えが、野暮でセンスがなければ、味覚にセンスがあるわけがない。和風のそば屋なのに、看板に赤や黄などの原色を使っていたり、入口の横に空のビール瓶のケースを積んでいたり。こんな店は、入らなくても、たいしたものを出すわけがないことが知れる。

ここで、相応の評価だったら、いよいよ暖簾をくぐって店内に入る。そこでチェックするのは、

☆三、すぐに「いらっしゃいませ」の声が聞こえるか。

もてなしの心は、まず声に出る。客が入ってきたというのに、店員がボーッとしていたり、仲間内で世間話をしているような店に、上等な料理は期待できない。

客は、お腹を空かせてくる。その客に、おいしいものを食べさせたいという環境を作っておくのが、ホールの仕事なのだ。

この事実に気づいていない店主が、意外と多いことに、驚かされる。多くのそば屋の店主たちは、ほとんどが料理職人で、味がよければ客は来ると信じている。しかし、腹を空かせてくる客にとっては、飲食店の味がいいのは当たり前で、いかに気分よく食べられ、納得して料金を払うかが問題、味がよくても、納得できない部分が一つでもあれば、二度と足を運ばなくなる。

それを評価する、もう一つの方法が、

☆四、店員の服装に、目を向けてみること。

清潔なエプロンや、前掛けをしているようなら問題はない。最近、よく目につくのだがセーターにジーンズといった、まったく客商売を意識していない店員がいる。そんな姿を目にしたら、すぐに店から逃げ出すことだ。だって、ジーンズというのは、牧場や工場などに働く労働者のズボンで、飲食店の店員が、客を迎える格好ではないはずだ。

さて、ここまでが合格点ならば、椅子に座ることにしよう。そして、目の前のテーブルを見て、

☆五、きれいに磨かれているか……。

テーブルを、きれいに磨くことは、飲食店の基本だが、意外とおざなりになっている店が多いのは、信じられない。

続いて、周囲の壁などを見回し、

☆六、有名人の色紙や、ビール会社の広告などが貼られていないかを見る。

うちの料理をおいしく食べてもらいたい、そんな熱意のある店主なら、できるだけ余分な装飾を省くはずだ。

有名人の色紙を、これ見よがしに貼っているのは、どう考えても、店の主人の味に対する自信のなさを、有名人の色紙で補ってもらいたいという、弱気な発想に見えるのだ。

そして、いよいよメニューに目を通すが、

☆七、メニューにも、店主のセンスが反映されている。

ファミリーレストランのように、写真入のメニューは分かりやすいのだが、本物の味覚にあまりこだわらない客や、子供たち向けという印象が強い。

そば屋であるからには、和紙に印刷された、簡潔な献立表であってほしい。

たとえば、「生粉打ちせいろそば（北海道原産のそば粉一〇〇％で打っております）〇〇〇円」、「二八かけそば（喉越しを大切に、つなぎ二割を加えた、茨城産のそば粉で打っております）〇〇〇円」、こんな献立だったら大当たりだろう。

というわけで七カ条になる。

ここで、読者の方から、こんな質問が出てくるだろう。

店の暖簾を観察したり、店構えを見渡して判断するまではいいが、実際に店に入って、店内を見回し、メニューを手にしてから「これはしまった！」と感じたら、どう対応するべきか……。

ぼくには、いくつかの秘策があるが、代表的な手口を伝授しよう。

もう一度、周囲を見回して、こう言う。

「ぼくと同じくらいの年齢の男は、来ませんでしたか？　この店で、待ち合わせたつもりなのですが、来なかった……？」

小首を傾げながら、店員に軽く頭を下げ、店の外に出て行くのだ。

そして最後に、演技力に自信のない方ならば、決定的な言い訳がある。

「しまった、財布を忘れてきた。また、出直してきます」

ただし、この言い訳も、料理を注文する前までというマナーは、守ってほしい。

粋《いき》に酒を飲む

東京の山の手にある小粋なそば屋を、昼過ぎに覗いてみると、どうにもぞっとしない光景に出会うことがある。

三〇代後半くらいの、派手なジャケットを着た、いかにも業界人風の男と、モデルや芸能人らしい女たちが、声高《こわだか》に話しながら、盃を傾けている。

昼間から、酒を飲んではいけないというルールはない。そば屋で酒を飲むのも、若い人たちの流行だから、批判する気はない。でも〝あんた似合ってないよ！〟と、つい横槍を入れたくなる。

反論があることは承知の上で言うが、そば屋で酒を飲むのは、四〇代からにしてほしい。それより若い男だと、粋がっていたり、通ぶっているのが、鼻についてしまうのだ。

酒の肴が、板わさだったり、天ぬきだったりしたら、もういけない。〝坊やにはまだ早いから、居酒屋にでも行ってお飲み！〟と、忠告したくなる。

酒を飲むのには、ルールがある。二〇歳以上になってからであることはよく分かっているが、もう一つ、酒を飲むのにマナーもあることは、一般的に認知されていない。

ルールというのは、それを犯すと罰せられる。だがマナーについては、それを犯しても罰せられないため、個人主義の浸透した現代人は、ついおざなりにするケースが少なくないのだ。

最近よく目にする、マナー違反の一つに、室内で帽子をかぶって飲食する男性だ。もしこれを外国でやれば、笑いものになるだけではなく、人格も疑われる。ビジネスで人と会ったときにならば、その商談は即刻破談になるだろう。

もう一度言うが、そば屋で酒を飲むのは、四〇代からにしてもらいたい。どうにも、その場の空気を乱してしまうから、若い方は、遠慮していただきたい。

だって、そうだろう。あなたが三〇代だとして、今夜、六本木のクラブのカウンターで、お目当ての女の子と、カクテルを飲んでいるとする。そこに現われた、五〇代の男が、隣に座って、「日本酒！」と注文したら、心の中で〝チッ！〟と舌打ちしたくなるはずだ。「つまみは、枝豆と、冷奴に……、肉じゃがはある？」なんて始まったら〝親爺、あっちに行ってくれ！〟と叫びたくなるだろう。

世間では、〝身の程をわきまえよ〟という言葉がある。〝分相応〟とも言う。身と分とを合わせると〝身分〟となる。

現代に、身分制度はなくなったが、身と分はわきまえるべきだ。男は女子高の門をくぐってはいけないし、女は土俵には上がれない。若い男は、囲碁クラブでは小さくなっているべきだし、年寄りは、秋祭りのみこしを担ぎたがらないようにするべきだ。

では、四〇代に入ったら、そば屋で酒を飲んでもいいのか。

答えは、イエスである。

とはいえ、ここでもきちんとしたマナーを守っていただく。

まず第一に、平日の昼間の酒は、できれば避けてもらいたい。

もちろん、百貨店や、土日に繁盛する飲食店、サービス業などに従事している人は、平日が休みになる。だからといって、平日の昼過ぎに、そば屋で酒を飲んでいるのは、特殊な人種に思われ、あまりいい印象ではない。

あと二〇年して、六〇代になれば、定年退職した老人が、昔日を回想しながら盃を傾けている、素晴らしい光景に、周囲の人たちから見られるようになるのだ。

もう一つは、決して長居をしないこと。そば屋は、寿司屋とは異なり、歴史的にみても、酒を飲む場所ではある。もともと寿司屋は、屋台形式の簡便な食事処として成立したので、酒を飲んで長居をすることは、極端に嫌われる。刺身を切ってもらい、いつまでも飲んでいると、怒られることもあるが、それは、寿司屋の親爺の言い分が正しいのだ。

しかし、そば屋とうなぎ屋は、上等な酒を置き、上等な肴を友に、酒を飲ませる店として発展してきた。

ただし、いつまでも長居をしていいかとなると、限界がある。限界点は、一時間半だろう。というのも、そば屋の肴は、上等ではあっても献立は少ない。ひととおり味わって、日本酒を二本くらいというのが、いちばんきれいで、粋な姿だからだ。

肴にも美学が

では、肴は何を選べばいいか。

このあたりから、粋か、野暮かの分かれ目になる。

とくに決まりはないのだが、年齢に従って、肴を選んでいくことをお薦めしたい。

まず四〇代は、高たんぱく質系でお願いしたい。鳥わさ、鴨焼き、天ぷら……。居酒屋の、延長線上にあるような肴で飲んでくれれば、まさに粋に映ることは間違いない。

やがて五〇代になると、もう少し渋めの肴を注文することが許される。焼き味噌、鴨ぬき、天ぬき、板わさ……。ここで〝ぬき〟というのは、鴨南蛮や、天ぷらそばといった、汁そばからそばを抜いたもの。種を口に運び、日本酒を飲み、かけ汁で口直ししてまた日本酒を……という、飲み方をする。日本酒で、甘くなった口に、ほんのり甘辛いかけ汁が、きれいに調和するのだ。

そして、六〇代になれば、いよいよそば屋で、もっとも渋い肴の、焼き海苔が許される。さっと焙《あぶ》った焼き海苔を、箸に挟んで口に入れ、盃を傾けてにんまりとする。その光景が似合うようになれば、まさにそば屋酒の、免許皆伝となる。

何を、どう食うか

何を、どう食ってもいいじゃないかと、お叱りを受けるかもしれない。しかし、寿司屋での食べ方が云々されるのだから、そば屋でもそれなりの蘊蓄《うんちく》があっていいはずだ。それを身に付ければ、いまの食べ方よりも、おいしくいただけるはずなのだ。

そば屋のそばの量に関しては、それぞれまちまちだが、おおよそ二つのタイプに分けられる。

まず一つは、せいろ一枚の量が二〇〇グラム以上もあり、一人前の量で充分に満腹になる店で、東北地方から北関東、信越方面はこのタイプだ。

それに対して、首都圏を中心とした江戸前そばの店の場合、平均的に一人前は一五〇グラム前後で、極端に少ない店では、一〇〇グラムを切ることもある。

なぜ、そんな違いが生まれるのかというと、前者の場合、かつて自然環境に恵まれず、稲作が困難だったため、そばを主食にして、それで満腹にするという事情があったからだ。

江戸前そばの場合は、どちらかというとスナック感覚で、職人が小腹が空いたときに、軽くせいろを一枚とか、仕事を終えて酒を飲み、最後に軽く仕上げるという需要に合わせるため、ほどほどの量になったのだ。

もちろん、量の多い店では、一品で済むし、何を選んでも、どう食べても構わないが、少ない店ではどうするか。

昼食に立ち寄ったため、酒を飲まないと想定して解説しよう。

たとえば、せいろを三枚なんていう注文法もあるが、献立がまずまず揃っている店では、ぼくはこんなふうに注文する。

春の、ぽかぽかと暖かい日なら、「せいろ一枚に、天せいろ一枚」。

やはり、そばはせいろに尽きるというわけではないが、暖かい季節にはせいろで始め、せいろで締めたい。しかも、天ぷらで味覚にちょっとしたアクセントもつけたいのだ。

夏になると、少しだけ違ってきて、「せいろ一枚に、おろしそば一枚」。

暑いときは、まずせいろの三分の一くらいを、汁もつけずに味わい、次に汁だけをつけ、最後にネギやわさびなどの薬味を添えて味わう。次のおろしそばは、大根おろしをはじめとする、薬味満載で食べるのだ。

やがて、肌寒さを感じる頃になると、「せいろ一枚に、天ぷらそば」あるいは「玉子とじそば」。もし献立にあれば、短冊に刻んだ薄揚げとネギが浮かんだ「刻みそば」。

寒くなってくると、冷たいせいろのあとに、どうしても汁そばがほしくなる。ノーフーといいながら、一気に汁そばを流し込み、そば湯を汁の二割くらい加えて、甘辛を抑えてぐいぐいと飲み干す、まさに天国だ。

最後に、寒さが厳しい冬には、「せいろ一枚に、鴨南蛮そば」。もっと寒い日には、「玉子とじそばに、鴨南蛮そば」。

笑われるかもしれないが、ぼくは、玉子とじそばが好きなのだ。玉子とじの場合、かけ汁を少し濃くしないと、玉子が加わった分だけ味が薄まってしまうため、その加減が難しく、いい店でないと、満足する味に仕上がらない。だから、いい店に行ったら、間違いなく注文することにしている。

そして最後には、鴨南蛮そばで締めるが、何を何品注文してもいいが、中に鴨南蛮そばがある場合には、必ず「締めに」と、店員に忘れずに伝えること。

鴨南蛮は、かけ汁に、鴨を加えて一煮立ちさせる。その瞬間に、鴨の旨味がかけ汁に染み出して、濃厚な味になる。つまり、先に鴨南蛮そばを食べて、そのあとにほかの汁そばを食べると、味が物足りなく感じてしまうのだ。

それにしても、寒い季節に鴨南蛮そばを食べると、鴨の肉と、ネギ、そして鰹節でだしを取ったかけ汁、つまり、山と、野と、海との、三位一体の見事な出会いに感服し、この名品を演出した先人に、心から感謝をすることにしている。

料理の味は三〇パーセント

さて、この章の終わりに当たって、これまでぼくが食べ歩いた店の中から、ちょっと首を傾げたくなった店の何軒かを紹介しよう。

おそらくあなたが店を開くときの、反面教師となることだろう。

これは会津若松市内にある、有名店を訪ねたときのことだ。

ぼくは、飲食店に入店する場合、混雑時を避けるように心がけているのだが、列車の都合で、あいにく昼食時に到着してしまった。

先客が二組、入口の脇にある椅子に座っていた。しかもぼくの後からも、二組が入店してきた。

仲居は、混雑のために配膳が手一杯らしく、客の順番などまったく把握していない。そのために、ぼくが危惧していた事態が発生した。

「次のお客さんどうぞ」という仲居の声に、ぼくよりも後から来た三人連れが「はい！」と答えて席についてしまった。

ぼくが、その旨《むね》を仲居に申し出ると「そうだったんですか」と気のない答え。そのためになおも事態が悪化した。

「せいろと天ぷらそばで、せいろを先に」と注文したぼくよりも先に、後からの客の前に、せいろを運んでしまった。

　やがて、ようやく運ばれたせいろを食べ終わっても、次の天ぷらそばが運ばれてこない。店の中は立て込み、待っている客の「あの客、食べ終えたのに何をのんびりしている」と言いたげな視線がぼくには痛い。

　じっと待つこと五分以上、ようやく天ぷらそばが届いたが、その頃にはもう食べる意欲を失って、半分ほど残してしまった。ぼくがそばを残したのは、前にも後にも、このときだけだ。

　ほとんどの飲食店の基本型は、料理人が主人であり社長でもあり、奥さんが配膳係で副社長という形態になっている。だから、料理店は味がよければ繁盛するという、思い違いをしていることに、主人が気づいていないことが多いのだ。

　ぼくは、飲食店経営者を相手にした講演会では、いつもこう言っている。

「料理の味に、こだわりすぎないこと！」

　たいていの経営者が、料理が美味ければ客が来るという自負があるため、眉をひそめ、露骨にいやな顔をするが、なおも続ける。

「飲食店を評価する総合得点の中で、料理の味が占める割合は三〇パーセントに過ぎません。では、残り七〇パーセントはというと、五〇パーセントがホールで、二〇パーセントが見栄《みば》えです。ホールの対応がよくて、運ばれてきた料理がおいしそうに見えれば、客は七〇パーセント満足するものです」

それでも納得できない顔の経営者に、次のように解説する。

「飲食店のドアを開けるときは、誰もが空腹のときです。空腹は最高の御馳走と言うように、そんなときにはどんな料理を出しても、おいしく食べてもらえるのです。問題は、せっかく空腹でこられたお客さんの気分を、どう盛り上げるかです」

ぼくは、会津若松市内にあるあのそば屋には、二度と行かないし、誰にも薦めないと、固い決意をしている。

高級外車の店

客商売は、お客さんに可愛がってもらわなければならない。それが基本なのは誰でも分かっている。

しかしその基本を、うっかりと踏み外してしまい、店主本人が気づいていないケースが、よく見られる。

土地の名前を書くと、店が特定されるので、ある山村にある店とだけ記しておこう。

市街地から、車で林道を一〇分ほど走った、周辺にはまったく民家もない場所に、その店はポツンと建っている。

木の柔らかさを生かした建物は、なかなかシックで、有名店で修業をしただけに、そばも凜《りん》として、爽やかな味を醸《かも》し出している。

ただし、初めて訪れたときに、少しだけ気がかりなことがあった。

店の斜め裏に、高級外車が駐《と》められていたのだ。ぼくが店を訪れたときに、ほかに客がいなかった。ということは、その車は主人のものということだろう。

そのことをこの場で書くに当たって、念のためにその店主と顔見知りの人に確認を取ったところ、確かに高級外車は店主の持ち物とのことだった。

店主が、どんな高級外車に乗っていても、どんな高級な腕時計をしていても、定休日に、どこのゴルフ場で遊んでいてもけっこうだ。

ただし、それを客に見せることは、決して得なことではない。

意地の悪い客なら、こう言うだろう。あいつを高級外車に乗せてやるために、ぼくはそばを食べに行っているのではない。

客の前に出るときは、愛想よくして頭をぺこぺこさせているくせに、それ以外のときには、ふんぞり返って外車に乗っているというイメージが浮かび上がってきてしまう。

商売は、だから難しい。

禁煙、相席はいかがなものか……？

最近、禁煙の店が増えてきた。

そばの香りと味を、充分に堪能するためには、舌を荒らして臭覚を鈍化させる煙草は、確かにお薦めできない。

隣で煙草を吸われただけでも、気分を害し、咳き込む人もいるくらいだから、禁煙にする店主の気持ちも理解できる。

ただし、全席禁煙というのはいかがなものだろうか。

そば屋にもさまざまな形態があるが、歴史的に見ると、大人が寛《くつろ》ぐ場所なのだ。寛ぐための必須条件に、酒と煙草があるわけだ。

それなのに、全席禁煙というのは、趣旨が違っているのではないかと、煙草を吸わないぼくでも提言したくなる。

嫌煙権を主張するお客さんには、都会で流行《はや》っているような、強力な換気装置をつけ、煙が届かないようにすればいいのだ。

ちなみに、全席禁煙のある有名店で、帰り際に裏庭を覗いたところ、店主が椅子に座って煙草を吹かしているのを目撃したという、冗談ともつかない話を聞いたことがある。

もう一つ、混雑しているときの相席も、ぼくは賛成できない。

人間にはそれぞれの、デリカシーというものがある。

とくにぼくの場合、人一倍神経が繊細で、傷つきやすく、ある意味で生命力が弱い人間なので、ふつうの人間には何とも思わないことにまで、敏感に反応してしまうのだ。

相席になった人の、息が臭かったり、体臭が強かったり、髪にフケが溜まっていたり、食べ物をくちゃくちゃと音を立てて食べたり、酒の飲み方が下品だったりすると、酒を飲む意欲も、食欲も失《う》せてしまう。

友人ならば、そのあたりを選んで付き合っているからいいが、相席の相手は、自分では選べない。そのあたりにも、ぜひ気を配っていただきたい。

第六章 「いざ出店」の準備と勘所

トータル・コーディネート

そば店を開店させる際に、最低限の条件であり、同時に最大の魅力になるのは「おいしいそばが味わえる」ことだ。

しかし、その一点にこだわるあまり「おいしければ客は来る」という信念の前に、その他の不確定要素をおざなりにして、苦戦している店を見かけることがある。

飲食店は、味を売るだけでなく、店の雰囲気、サービス、ブランドなどをトータルにコーディネートして客に提供する形態であることを忘れて、客を呼ぶことはできないことは、前の章で何度も繰り返してきた。

自分の店を、どういったビジョンで展開させるのか。

その点について、麺・ビジネスプランナーである『FUJIX　PR　ROOM』渡邊眞人氏と著者との合議を背景にして、この章で追究してみることにする。

店舗作り10の秘訣

最近、大型ビルのテナントとして、そばのメニューを含めた居酒屋の出店が際立っている。

健康食として、そばが見直されてきたという顧客ニーズとともに、すでに半調理済みの状態でセンターキッチンから届けられた場合、ご飯類と比較して扱いやすいという、業務オペレーションの簡素化も、理由の一つと考えられるだろう。

ただしこれは、大型資本の短期的な戦略に基づく事業展開で、我々が希求しているそば店とは、まったく似て非なるものである。

そのあたりを比較、検討しながら、開店するための効率的なビジョンを探っていきたい。

店作りのビジョンを渡邊氏は、大きく二つに分類する。
A、知的資産が創り出す長期ビジョンから見た資産で、安定した収入を生む。
B、事業資産が創り出す短期ビジョンから見た資産で、事業化を図る。
それぞれを、一〇項目に簡略化したものを基準に置き、具体的に説明していこう。

A－1、ロングスタンスのキャッシュフローで、適正に返済する。

B－1、ショートスタンスのキャッシュフローで、早期に返済する。
▽自己資金、あるいは公的資金を借り入れるとしても、どのくらいの投資をして、どのくらいの期間で回収・返済できるかを、きちっと見通した上で開店準備に向かわなければならない。
A－2、食生活と一体化した魅力の提供で、本物の提案をする。

B‐2、お値打ち感のある手軽な価格で、訴求する。
▽センターキッチンから搬送されてくる、半調理済みの素材を、手軽に温めて提供する料理との差別化を、どこで図ることができるか。そのあたりはまさに、料理人としての、腹の据えどころになる。
A‐3、調理手法と原材料への徹底したこだわりで、おいしいものを作る。
B‐3、機能的な調理システムによる、対費用効果を得る。
▽健康志向が一層の高まりを見せている現代だからこそ、原材料を吟味し、その素材を最も生かすことのできる料理法を選択するなど、より高度で明快な料理技術を必要とされている。
A‐4、個性的な人的ファクターで、気持ちよいサービスを提供する。
B‐4、業務オペレーションを簡素化して、収益を得る。
▽顧客はおいしい料理だけでなく、親身な接客や、温かな雰囲気などを味わうために、わざわざ訪れてくれるのだ。
A‐5、手間暇を惜しまない、納得いく原材料の安定的な確保で、変わらない味の提供をす

る。
B－5、許容される原価コストで、均一な高品質を提供して、安心感を得る。
▽今夜は、あの肴であの酒を飲みたいという、顧客のイメージを損なうことは、どのような場合にも避けなければならない。季節のメニューだけでなく、定番メニューの充実も、店をより魅力的にする。

A－6、メディアに訴求力ある個性と、そこから生まれるブランド力を得る。
B－6、認知度と知名度から、ブランド力を得る。
▽店主の顔、女将の顔、店の顔。料理の個性、空間の個性を際立てることで、その店でしか味わうことのできない時間を提供することが可能になる。ただし、独《ひと》りよがりの個性は、毛嫌いされるだけだ。

A－7、料理とともに一体的に感じられる楽しみとしての空間デザインで、寛ぎを得る。

B－7、戦略に必要な計画を実行する予算の範囲内で、ベストデザインを得る。
▽硬めの椅子と、意図的に硬質なインテリアで、ある程度の緊張感を持った飲食を提供するのか。極度に柔らかな椅子と、しなやかで温かいインテリアで、心から寛げる飲食を提供す

るのか。つねに、料理、サービス、空間の調和を図らなければならない。

B‐8、人の集まる商業集積地より、環境重視の立地で、安らぎを得る。

A‐8、人の集まる、目につきやすい商業集積地などの物件を得る。

▽隠れ家的な、自分だけの空間を求める顧客ニーズに合わせる。だからといって、それがあまりにも意図的に過ぎたり、極端に立地条件が悪すぎたりすると、逆効果になることも注意する必要がある。

A‐9、格式ばらず、量より質が許される「楽しみ」を得る。

B‐9、必要充分なコストパフォーマンスと、飽きさせないイベントで、集客する。

▽そば店の顧客設定は、四〇代後半以降に置きたい。飽食ではない、貴食《きしょく》をイメージして、料理を提供する。貴食とは、ぼくの造語だが、素材を尊《たっと》びじっくりと味わって食べること。ただし、素材や料理法、盛り付けなどに高級感を出しすぎてはいけない。基本的には、そば店であるスタンスを失わず、高級割烹店とは異なる、心地いい庶民性を保つべきだ。

A‐10、顧客のニーズ（要求）に合わせず、顧客のマインド（意識）に合わせることで、自店の客筋を得る。

B‐10、徹底した接客教育で、均一なサービス価値を提供する。

▽オフィス街、商業地、住宅街、街道筋など、立地条件に合わせた顧客マインドを把握し、店舗設計から、メニュー、価格、量などを適切に判断しなければならない。

開店までのスケジュール

では、実際に一軒の店を持つまでのスケジュールを、簡単に追ってみよう。

一、店舗物件の決定

店舗物件には、新築の賃貸物件と既存の賃貸物件がある。新築は、自分のイメージどおりの店舗を作ることが可能で、周辺の注目度が高いが、当然のように物件取得費も高くなる。その点、既存の賃貸物件ならば、比較的安くなるが、自分のイメージの店にするのが難しいこと、使えると思っていた、以前の店が残した厨房用品などが使えずにかえって高くつくこともある。ガス、電気、水道の容量、換気設備などもしっかりと把握しておかないと、あとでとんだ出費がかさむこともあるので注意が必要だ。

また「これは！」と思った物件に関しては、その周辺を地道に歩いて、立地条件を調べることだ。最寄り駅はどこで、人はどの方向に流れるのか、周辺には競合店はないか、競合店はなかったとしても、同じ客筋を奪い合う店はないか。

平日と休日の、ランチタイム、アイドルタイム、ディナータイムに出かけてみて、どんな年代のどんな人が通るのかを、しっかりとチェックすることだ。

二、店舗設計・見積もり

既存の物件の内装工事をする場合、いくつかの方法がある。

もっとも安価に済ませるには、電気、ガス、水道などの専門的な工事は専門業者に任せ、それ以外は自分の手で行なう方法がある。器用な人には、お薦めの方法だ。

次には、おおまかなデザインなどは、自分でイメージして、内装業者などに指示して工事を進めるという方法だ。この場合には、設計料の負担がなくなる。

また、設計士に依頼してデザインを頼むが、実際の工事は工務店などに頼むという方法もある。この場合には、自分がある程度の建築の知識を持ち、業者に指示できないと、デザインしたものと現実とが食い違う可能性もないとは言えない。

最後は、そば店出店のノウハウから建築設計までを、トータルでプロデュースする会社に任せる方法もある。これまでに何軒もの店舗を手がけてきた実績と経験をもとにした、さまざまなノウハウを持っているため、失敗することはないが、プロデュース料金が発生する。金銭的に折り合いがつけば、もっとも無難な選択肢といえるだろう。

ちなみに、第四章で紹介した『しのはら』の場合の総予算は以下のとおりだ。

◇店舗面積　二六・六坪（八七・七八㎡）
◇客席数　二二席
◇店舗造作工事費　九六〇万円
◇椅子テーブル什器　八〇万円
◇厨房機器工事費　四九〇万円
◇フードダクト工事費　一二〇万円
◇空調工事費　一七〇万円
小計　一八二〇万円
◇のし物（木鉢、のし台など）　九〇万円
◇食器（笊、丼など）　四〇万円
◇石臼一式・電動ふるいなど　四〇万円

小計　一七〇万円

総計　一九九〇万円

三、工事

工事が始まると、さまざまな専門業者が入ることになる。この際、できるだけ時間を割き、現場に立ち会うことが必要だ。設計どおりの工事が進んでいたとしても、それが最高の状態とは言えないことがある。たとえば厨房用品などは、平均的な体格の料理人を基準にして設計されている。設置されてからでは、簡単に微調整が利かない調理台の高さ、釜の位置など、使い勝手に合わせて細かい指示を与えることも大事なことだ。

四、引渡し・検査

すべての業者が立ち会いの上で、きちんとした引渡しをしたい。店主だけでなく、その店で働く可能性のある人間すべてが、納得した使い勝手を確認しておきたい。

五、営業のシミュレーション

実際に営業を開始したというイメージの下に、ホール係が注文を取り、厨房に伝え、出来上がった料理を運ぶ。最低でも一週間、このシミュレーションを積み重ねることで、準備万端が整ったことになる。飲食店は、一度でもミスをして失ってしまった客を、再び取り戻すことは不可能なのだ。単調な繰り返しになるが、気を抜かず真剣にシミュレーションに取り組むことだ。

六、開業

シミュレーションが完璧ならば、これまでと同じことを繰り返すだけ。繁盛店になるのを、待つだけだ。

店舗デザインの基本理念

建築デザイナーに、的確に自分の希求する店舗イメージを伝え、それを形にしていく上で必要とされる基本知識を、『ＣＯＭＰＥ１０《こんぺいとう》』主宰者の建築デザイナー中谷知之氏からアドバイスしてもらった。

そば店における店舗規模の基本的な考え方は、以下のようになる。

A店・最小規模店舗……六坪程度（客席一〇名）、その内の厨房面積二・五坪。従業員二名。

B店・小規模店舗……一〇坪程度（客席二〇名）、その内の厨房面積四坪。従業員二・五人。

両店の従業員一人当たりの一日の売り上げ、四万円を確保。つまり、A店の場合八万円、B店の場合一〇万円になる。

以上を踏まえて、具体的な方法を示してみることにする。

一、日常性と、非日常性のいずれを視点に重点を置くか

高級レストラン、バーなどと比較して、そば店の特異性を打ち出す際に最も重要な部分は、日常性に重点を置くか、非日常性に重点を置くかというコンセプトの選択がある。前者の代表例が、立ち食いそば店、セルフサービス店で、後者の代表例が、和食割烹店の装いをした、高級店だ。昼時のランチの客を取り込むのか、取り込むとしたら、どのような商品設定にするのかといった視点をきちっと定めないと、設計段階に進むことはできない。

ここでは、非日常的な高級イメージを主眼にした店作りを仮定して、話を進めよう。

二、商品は、料理なのか、空間なのか

料理を目当てに訪れる客に、ゆっくりと落ち着ける空間を提供するのか。落ち着ける空間を求めてくる客に、相応の料理を提供するのか。これも、店舗設計のポイントになる。

三、外観のイメージ

温かみのある隠れ家的な店か、スマートさを主眼にしたリゾートの雰囲気なのか、店の立地条件や客層と照らし合わせて決定することだ。

四、インテリアとの連動

店内に足を踏み入れた瞬間の、客の感動をどこに設定するか。木目を生かした和風のインテリアか、ガラスやプラスチックを多用したデザイン性を重視したインテリアか。ただし、急進的なデザイン性を強調したインテリアは、寛ぎの空間には向かない。

五、色調

落ち着いた暖色系を中心にするか、寒色系でシャープなおしゃれ感覚を強調するか。照明のプロデュースを含め、経営者の意図の分かれるところだ。

六、顧客の嗜好《しこう》

ターゲットとする顧客の、嗜好に合わせた店舗作り。

高級住宅街の一角の場合には、落ち着いた熟年男性をターゲットの中心に据え置く。下町の場合には、四〇代以上の中年夫婦。その年代、生活環境を調査して、顧客になったつもりで、店選びから注文などのシミュレーションをしてみることだ。

おわりに

今回の修業経験は、筆者五八年の人生のなかでも、際立った感動の毎日だった。まさに、目から鱗の連続だった。

筆を進め始めると、小学生が生まれて初めて味わった林間学校の思い出を、胸をときめかせながら日記に綴《つづ》るように、毎日が楽しくて仕方なかった。三五年間続けてきた、物書き冥利《みょうり》に尽きる経験だった。

ただし、筆を進めるにしたがって、なぜか次第に胸につかえる感覚が芽生え、その重苦しさが日毎《ごと》に増していった。

原因がはっきりしてきたのは、ゲラの校正を始めてすぐの、十月中旬だった。こともあろうに、この本の冒頭に記してしまった一文に、あらためて目を通した瞬間だった。

「そば打ちは、簡単にできるものではないが、さして難しいものでもない。そば屋には、簡単になれるが、繁盛するそば屋になるのは簡単な道ではない」

その一文を記しているときは、青雲の志《こころざし》を高く持ち、そば屋になりたいという夢を膨《ふく》らませていたのだ。

しかし、物書きにとっては周知の事実だが、文章を記すときと、自分の文章を読み返すときとでは、心理状態が極端に変わってくる。書くときは前向きで、震えるような興奮状態にあるが、推敲や校正をする際には、慎重で冷静な状態を維持しなければならない。サッカーに譬《たと》えれば、書くときは、大胆でかつ強引にゴールを狙うフォワードの心境なのに対して、校正ではディフェンスに徹し、ミスを犯さないように心掛けるのだ。

そのディフェンスに徹して自分の文章を読み進めるにしたがって、そば業界の先輩たちが漏らした、深い懊悩《おうのう》の言葉が、脳裏によみがえってくるのだ。

「そばを知ろうとすればするほど、分からなくなる」

「のしたそばに包丁を入れる、見事に角が立つように切りたいが、思うようにいかなくて、毎日悩んでいます」

「一枚のそばには、作り手の背景が見えてくる。だから片時でも気が抜けない」

「九九パーセントは素材です。素材を見極め、甘さや香りをどう調整するか、一生涯、まともに向き合っていく難問です」

これからスタートし、そういった先輩たちに仲間入りし、同じレベルで悩み、少しずつでも進歩していけるのだろうか、それが第一の不安だ。

続く、もう一つの不安は、高齢での転身が可能かどうかだ。

そばを打つことならば、四〇代でも五〇代でも可能だが、店の掃除をして、食器を洗い、酒肴を作り、種そばをあつらえ、片付けをして閉店という、一連の仕事をこなすことができるかどうかだ。

年齢のハンディだけでなく、経験のハンディも過酷に迫ってくる。

「高校を卒業してからすぐに修業に入り、毎日、そばと向き合ってきた一徹な職人と、同じ動きができるか……？」

そういった、悲観派のぼくの質問に、楽観派のもう一方のぼくは答える。

「身体で覚えた人に対して、ぼくは理論で勝負できる」

だが、再び、

「身体で覚えた技術からは、決して狂いは生まれない。しかし、理論で覚えた技術は、一度でも狂い始めると、理論で修正するのは難しいぞ」

悲観派のぼくに、そんなふうに脅かされると、反論に困る。

「そばでは苦労しなかったが、物書きでは散々の苦労を味わってきた。その経験が、役立つかもしれない」

「相変わらず、甘いな……」

そう、甘いかもしれない。でも、やってみなければ分からない。

たとえばあなたは、これまで会社員として人間関係で苦労を味わってきただろうか。それとも、技術者として高度な技術への対応……、あるいは営業成績……、あるいは……。

そば職人が、そばを前にして悩んでいた時期に、あなたもさまざまな悩みを抱え、それと格闘してきた。その経験が、そば屋になったときに、そば一途の職人とは異なった形で生かせるのではないか。

明治の文豪、徳冨蘆花は小説『不如帰《ほととぎす》』のなかで、こう書いている。

「ああ愛されぬは不幸なり、愛することの出来ぬは、猶更《なおさら》に不幸なり」

そば屋になる、ならないは別として、お互いにそばという愛するものに出会った喜びと、その愛を一途《いちず》に貫けることの悦びとに感謝しようではないか。

平成十七年晩秋

金久保茂樹

［リスト］

《お薦めの名店》

『鎌倉一茶庵』神奈川県鎌倉市雪ノ下 1-8-24　0467-22-3556

『喬亭　仙味洞』東京都世田谷区千歳台 3-9-5　03-3484-4548

『永坂更科』東京都港区麻布十番 1-8-7　03-3585-1676

『更科堀井』東京都港区元麻布 3-11-4　03-3403-3401

『布恒更科』東京都品川区南大井 3-18-8　03-3761-7373

『本むら庵』東京都杉並区上荻 2-7-11　03-3390-0325

『玉川庵』北海道釧路市鳥取大通 5-17-17　0154-51-4628

『小川』北海道帯広市西 1 条南 6-20　0155-25-2580

『志の家』北海道札幌市中央区南 2 条西 12-323　011-281-1045

『しもばしら』青森県青森市浜田板橋 4-2　017-729-1205

『二足の草鞋・地水庵』岩手県西磐井郡平泉町平泉衣関 1-3　0191-46-5484

『あらきそば』山形県村山市大久保甲 65　0237-54-2248

『水車生そば』山形県天童市鎌田本町 1-3-26　0236-53-2576

『庄司屋』山形県山形市幸町 14-28　023-622-1380

『萬盛庵』山形県山形市旅籠町 1-3-21　023-622-2167

『八重車』宮城県仙台市青葉区二日町 15-15　022-227-9828

『たまき庵』宮城県仙台市太白区秋保町馬場大滝 8-1　022-399-2120

『村屋東亭』茨城県鹿島郡鉾田町安房 1418　0291-32-3173

『一茶庵本店』栃木県足利市柳原町 862-11　0284-40-3188

『そば蔵　谷川』福井県武生市深草 2-9-28　0778-23-5001

『丸富』長野県駒ヶ根市赤穂 23-180　0265-83-3809

『水舎』長野県東筑摩郡山形村 7249　0263-98-3002

『多賀』静岡県熱海市上多賀 798　0557-68-1012

『喬仙坊』静岡県裾野市須山 1737　0559-98-0170

『天祥庵』山梨県南都留郡忍野村忍草 2848-2　0555-84-4119

『じん六』京都府京都市北区上賀茂桜井町 67　075-711-6494

『かね井』京都府京都市北区紫野東藤ノ森町 11-1　075-441-8283

『塩釜』京都府京都市左京区一乗寺西閉川原町 29-13　075-721-2966
『拓朗亭』京都府亀岡市南つつじヶ丘大葉台 1-27-5　0771-24-4334
『仲佐』岐阜県下呂市森 918-47　0576-25-2261
『玄』奈良県奈良市福智院町 23-2　0742-27-6868
『ふなつ』島根県松江市外中原町 117-6　0852-22-2361
『東京庵』山口県山口市湯田温泉 4-2-31　083-922-1561
『がまこう庵』宮崎県都城市吉之元町 5186　0986-33-1226
『重吉そば』鹿児島県鹿児島市谷山中央 2-4134　099-268-2676

《そば打ち修業処》

『江戸蕎麦切会』 東京都中野区本町5-9-14　03-3380-7633

『築地そばアカデミー』 東京都中央区築地3-12-12　03-5148-5559

『蕎上人手打ちそばうどん教室』 東京都台東区駒形2-7-3　03-3841-7856

『一茶庵手打そば・うどん教室』神奈川県横浜市神奈川区東神奈川1-2-7MSビル101　045-453-7756

『諏訪そば打ち道場』 長野県諏訪市中洲神宮寺465-3　0120-54-1245

『創源流手打ちそば・うどん教室』群馬県前橋市新前橋町18-32　027-252-6036

『分桜流 彩次郎蕎麦打ち会』 埼玉県加須市久下2-31　0480-66-2251

『有喜蕎心流そば打ち塾』 京都府京都市下京区四条通烏丸西入る　京都産業会館B1　0120-20-2978

《出店アドバイザー》

『ＦＵＪＩＸ　ＰＲ　ＲＯＯＭ』麺・ビジネスプランナー　渡邊眞人　東京都荒川区西尾久4-8-10富士ビル　03-3893-7658

『ＣＯＭＰＥ10』建築デザイナー　中谷知之　神奈川県横浜市中区扇町2-4-4関内陽光ビル602　045-226-3559

《そば関係書籍》

○おいしいそば屋さんの本／マンボウムックス／光文社／1995

○おいしい蕎麦を探す／太野祺郎／展望社／1999

○こだわりの蕎麦屋を開く／大野修／ぺりかん社／2004

○ソバ　そば　蕎麦／氏原暉男／大江戸めん祭り／2005

○そば　そば料理／料理と食シリーズ／旭屋出版／1997

○そばの細道／宮下武久／川辺書林／2000

○そばをもう一枚／山口雅子／静岡新聞社／1997

○ソバ屋で憩う／杉浦日向子／新潮文庫／1999

○そば屋翁／高橋邦弘／文春文庫／2002

○そば打ちの哲学／石川文康／筑摩書房／1996

○そば打ちの本１～３／蕎麦さろん編／双葉社／ 1998 ～ 2000
○そば通ものしり読本／多田鉄之助／旺文社／ 1986
○そば通隠れ名店／そばの道研究会編／河出書房新社／ 2000
○そば読本／中公文庫編集部編／中央公論社／ 1996
○ベストオブ蕎麦／麺'S CLUB 編／文藝春秋／ 1992
○一茶庵・友蕎子片倉康雄　手打そばの技術／旭屋出版／ 1988
○街で出会った自家製粉手打ちそばの店／そば打ちの本編集室編／双葉社／ 2000
○蕎麦　ぐるり日本、地粉にこだわるそばの店／金久保茂樹／ネコ・パブリッシング／ 2001
○蕎麦と生きる／岩﨑信也／柴田書店／ 1997
○蕎麦なぜなぜ草紙／藤村和夫／ハート出版／ 2002
○蕎麦の蘊蓄／太野祺郎／講談社／ 2003
○蕎麦王国山形／みちのく書房／ 1997
○蕎麦屋のしきたり／藤村和夫／ＮＨＫ出版／ 2001
○蕎麦屋酒／古川修／光文社新書／ 2004
○蕎麦匠心得／片倉敏雄ほか／柴田書店／ 2003
○今日からはじめるそば打ち／金久保茂樹／ネコ・パブリッシング／ 2005
○山みち蕎麦みち／太野祺郎／山と溪谷社／ 2002
○旨いそばが食べたい／旭屋出版／ 2000
○おいしい出雲そばの本／高瀬礼文／ワン・ライン／ 2000
○諸国そばの本／そば道楽の会編／ＪＴＢ／ 1999
○絶品のそば百店／毎日ムックアミューズ編／毎日新聞社／ 1997
○男がつくる手打ち蕎麦入門／成美堂出版編集部編／成美堂出版／ 1998
○日本そば／全日本そば学会編／勁文社／ 1993
○名店案内そば店 100 ／柴田書店書籍編集部編／柴田書店／ 1995

《取材でお世話になった店》

『糀屋旅館』静岡県賀茂郡東伊豆町稲取 375　　0557-95-2053
『笑《わらい》の家』静岡県賀茂郡東伊豆町稲取 1562-3　　0557-95-2943

★読者のみなさまにお願い

この本をお読みになって、どんな感想をお持ちでしょうか。次ページの「100字書評」（原稿用紙）にご記入のうえ、ページを切りとり、左記編集部までお送りいただけたらありがたく存じます。今後の企画の参考にさせていただきます。また、電子メールでも結構です。

お寄せいただいた「100字書評」は、ご了解のうえ新聞・雑誌などを通じて紹介させていただくこともあります。採用の場合は、特製図書カードを差しあげます。

なお、ご記入のお名前、ご住所、ご連絡先等は、書評紹介の事前了解、謝礼のお届け以外の目的で利用することはありません。また、それらの情報を六カ月を超えて保管することもありません。

〒一〇一—八七〇一　東京都千代田区神田神保町三—六—五　九段尚学ビル
祥伝社　書籍出版部　祥伝社新書編集部
電話〇三（三二六五）二三一〇　E-Mail : shinsho@shodensha.co.jp

★本書の購入動機（新聞名か雑誌名、あるいは○をつけてください）

＿＿＿＿新聞の広告を見て	＿＿＿＿誌の広告を見て	＿＿＿＿新聞の書評を見て	＿＿＿＿誌の書評を見て	書店で見かけて	知人のすすめで

★100字書評……蕎麦屋になりたい

名前

住所

年齢

職業

金久保茂樹　かなくぼ・しげき

1947年、東京生まれ。70年より「旅と鉄道」誌を皮切りに様々な雑誌で執筆。紀行作家、料理評論家として活躍後、99年『〈龍の道《ドラゴンレール》〉殺人事件』で推理界にデビュー。旅情、美食、鉄道トリックの三位一体の興趣が話題を呼ぶ。主著にTV化された『みちのく蕎麦街道殺人事件』(小社刊)、『伊豆・柳川伝説雛《ひな》の殺意』、ムック『今日からはじめるそば打ち』など。筋金入りのそば好きである。

蕎麦屋《そばや》になりたい

実践！　手打ち修業の一週間

金久保茂樹《かなくぼしげき》

2005年12月20日　初版第1刷

発行者……………深澤健一
発行所……………祥伝社《しょうでんしゃ》
〒101-8701　東京都千代田区神田神保町3-6-5
電話　03(3265)2081(販売部)
電話　03(3265)2310(編集部)
電話　03(3265)3622(業務部)
ホームページ　http://www.shodensha.co.jp/

装丁者……………盛川和洋　イラスト……………武田史子
印刷所……………萩原印刷
製本所……………ナショナル製本

造本には十分注意しておりますが、万一、落丁、乱丁などの不良品がありましたら、
「業務部」あてにお送りください。送料小社負担にてお取り替えいたします。

ⓒ Kanakubo Shigeki 2005
Printed in Japan　ISBN4-396-11031-6　C0277

充実人生をサポートする

★ 祥伝社新書 ★

022★

浦島太郎は、なぜ年をとらなかったか　アインシュタインと遊ぶ

天才科学者たちの「思考実験」に挑戦！

広島大学大学院急需　**山下芳樹**

023★

だから歌舞伎はおもしろい

作家つかこうへい氏絶賛！　アウトサイダーだから書けた目からウロコの新・歌舞伎案内

演劇評論家　**富澤慶秀**

024★

仏像はここを見る　鑑賞なるほど基礎知識

仏像の成り立ちから見分け方、仏像別御利益まで、豊富な図版で分かりやすく解説

仏教研究家　**瓜生　中**

025★

メロスが見た星　名作に描かれた夜空をさぐる

流星、彗星、天の川、名月そしてプラネタリウム……。主人公たちを魅了した星空を見つけよう

都立高校教諭　**鮠名　博**

漫画家　**えびなみつる**

026★

村が消えた　平成大合併とは何だったのか

消滅する集落、壊れる自治……。国から見放された「地方」が生きのびる道は——

朝日新聞記者　**菅沼栄一郎**